高校啦啦操运动课程

教学探索

王晶 著

北方文艺出版社
哈尔滨

图书在版编目（CIP）数据

高校啦啦操运动课程教学探索 / 王晶著. -- 哈尔滨 : 北方文艺出版社, 2025. 1. -- ISBN 978-7-5317-6491-5

Ⅰ. G831.32

中国国家版本馆CIP数据核字第2024F6R944号

高校啦啦操运动课程教学探索

GAOXIAO LALACAO YUNDONG KECHENG JIAOXUE TANSUO

作　者/王　晶
责任编辑/王　爽　　特约编辑/陈长明
装帧设计/汲文天下

出版发行/北方文艺出版社　　邮　编/150008
发行电话/（0451）86825533　　经　销/新华书店
地　址/哈尔滨市南岗区宣庆小区1号楼　　网　址/www.bfwy.com

印　刷/北京金特印刷有限责任公司　　开　本/880×1230　1/32
字　数/174千字　　印　张/8.125
版　次/2025年1月第1版　　印　次/2025年1月第1次印刷

书　号/ISBN 978-7-5317-6491-5　　定　价/68.00元

前言

啦啦操运动以其多元融合的特性，涵盖健身、奥林匹克精神、公益性、美学及艺术特质等元素，旨在培养杰出运动员、塑造健全人格和培育社会精英。其核心价值体现了全民运动的理念。此项运动因其活力、时尚和团队精神而深受中国青少年的青睐。源自美式足球助威活动的啦啦操是一项集体性运动,强调合作精神。将其纳入体育教学中，符合现代教育理念，满足了对创新体育教学方式以促进个体全面发展的需求。这一举措不仅强化了体育课程的思想政治建设，还有助于丰富校园体育文化内涵，推动校园体育文化的发展。

随着我国体育产业的迅速发展，啦啦操各类赛事活动如雨后春笋般涌现，这对啦啦操教师和教练员的专业水平提出了更高的要求。目前，全国各高校普遍开设了啦啦操教学课程，承担起培养青少年健康成长和具备民族创新精神的高素质人才的使命。因此，对高校啦啦操运动教学进行创新探讨具有重要的现实意义。

目录

第一章　高校啦啦操运动概述

第一节　啦啦操运动的起源与发展

一、啦啦操运动的起源与发展

（一）啦啦操运动的起源

啦啦操起源于原始部落时期，旨在激励战士，并表达凯旋的喜悦。作为一项新兴的体育项目，其源头可以追溯至美国。根据表演形式，啦啦操可分为场地啦啦操和看台啦啦操；按照动作技术，可分为技巧啦啦操和舞蹈啦啦操；而根据队员是否使用器械，则可划分为徒手看台啦啦操和轻器械看台啦啦操。啦啦操已经被融入各类体育赛事，例如篮球、足球、排球和橄榄球等，啦啦队员在比赛的中场休息时间进行表演，为所支持的队伍取得胜利提供了帮助。

啦啦操的正式兴起可以追溯至19世纪末期，具体而言，是在19世纪70年代，首家啦啦队俱乐部在美国普林斯顿大学成立。在橄榄球比赛中，观众们齐声高呼“啦啦啦，普林斯顿，普林斯顿，普林斯顿”，以此来激发士气。几年后，普林斯顿大学的校友汤玛士·培伯斯将这一加油口号带到了明尼苏达大学，直至1898年，该校的学生约翰尼·坎贝尔担任了首位啦啦队队长。随后，明尼苏达大学成立了由四名男生组成的“队呼小组”，这标志着啦啦队活动的正式开始。

尽管如今啦啦队的成员多为女性，然而在早期，啦啦队完全由男性组成。到了20世纪20年代，女大学生开始逐渐参与体育活动，啦啦队也开始接纳女性。到了20世纪40年代，啦啦队主要由女性构成。啦啦队在橄榄球比赛中最为常见，篮球比赛次之，在足球和摔跤比赛中较少见，而在棒球比赛中没有出现过由美少女组成的竞技啦啦队。

（二）啦啦操运动的发展

1998年，国际啦啦操联合会在日本东京正式成立，这是啦啦操历史进程中的重要里程碑。2001年，首届世界啦啦队锦标赛在东京举办，邀请了8个国家和地区的参赛队伍，标志着啦啦操项目向全球范围内的拓展。次年，第二届世界啦啦队锦标赛在英国曼彻斯特举行，共有9个国家和地区参与其中。至2005年，国际啦啦操联合会影响力日益增强，已有12个国家和地区参赛。2007年，第四届世界啦啦队锦标赛在芬兰的赫尔辛基举行，共有25支队伍参赛。

2013年，世界啦啦操锦标赛在美国佛罗里达州奥兰多环球中心闭幕。我国的西华大学啦啦队取得国际公开组世界第五的好成绩。在决赛之夜，选手们以丰富的情感展现出独特魅力，将东方韵味融入世界舞台。2024 年，在美国举办的 2024 年世界啦啦操锦标赛中，我国云南省普洱学院民族啦啦操队与来自 66 个国家和地区的啦啦操队同台竞技，最终获得第 12 名。

二、我国啦啦操运动的起源与发展

（一）我国啦啦操运动的起源

自 1998 年中国大学生篮球联赛（CUBAL）兴起以来，啦啦操已成为其重要组成部分，为比赛增添了活力和魅力。大学生们充满活力、充满朝气的表演不仅为观众带来新鲜感，也成为篮球竞技场上一道亮丽的风景线。啦啦操在高校的盛行与其运动的蓬勃发展密切相关。

2001 年，中国大学生体育协会健美操艺术体操协会（CSARA）邀请美国专家提供培训，增进了团队对啦啦操运动的认识和理解。同年，广州成功举办了首届中国大学生啦啦操大赛，推动了啦啦操在我国的普及。2004 年 6 月，该分会举办了全国啦啦操教练员及裁判员培训班，首次推出了中国啦啦操专业教练员与裁判员认证体系及规定套路。2005 年，国家体育总局体操运动管理中心开始关注啦啦操运动，并与相关国际组织建立联系，每年举办中国全明星啦啦操锦标赛暨世界啦啦操锦标赛中国啦啦操选拔赛。2006 年，中国大学生体育协会健美操艺术体操协会成立了首个中国啦啦操专业委员会，并组队参加了在美国奥兰多举行的世界啦啦操锦标赛，标志着中国啦啦操运动正式走向国际舞台。多年来，该协会致力于将啦啦操运动推广至校园，已成功举办六届中国学生啦啦操锦标赛，并将其列入学校体育竞赛项目。此外，中国蹦床技巧协会也开始举办啦啦操教练员、裁判员培训班，并将啦啦操纳入全国技巧锦标赛冠军赛的正式比赛项目。2009 年，中国蹦床技巧协会独立举办全国啦啦操锦标赛和冠军赛。2010 年，啦啦操正式成为全国体育大会技巧比赛的项目。

（一）我国啦啦操运动的发展

我国啦啦操运动虽然历史不长，仅有十余年，但其独特魅力已经在广大青少年中间得到了广泛认可和青睐。尤其是在 2008 年北京奥运会上，我国选手的出色表现引起了海内外主流媒体的广泛关注和报道。媒体的强大影响力促使该项目的参与人数不断增加。以 2009 年为例，全国啦啦操冠军赛由国家体操管理中心主办，参赛人数接近 700 人。奥运会现场啦啦操的出色表现无疑将我国啦啦操运动推向了一个新的高峰。

我国每年都会举办各种类型的啦啦操比赛和活动，如“迪士尼歌舞青春全国啦啦舞挑战赛”“2008 北京奥运啦啦操选拔赛”“青啤 NBA 啦啦操选拔赛”等。特别是 2009 至 2010 年间举办的亚运会啦啦队全国选拔赛，激发了无数啦啦操爱好者的热情。

我国啦啦操在发展初期便受到中国蹦床技巧协会啦啦操分会和中国大学生体育协会的高度关注与支持。这两个组织建立了完善的教练员和裁判员培训机制，以及赛事管理制度，并根据国内情况制定了相应的竞赛规则，每年都会定期举办各类培训和锦标赛活动。2010 年，体育总局体操运动管理中心首次发布《2010—

2013年全国啦啦操竞赛规则》，这是全国范围内的首个竞赛指导文件。2011年，该中心又审定了《全国啦啦操推广普及规定套路及竞赛规程》，旨在将啦啦操运动引入校园并融入大众生活。2013年5月31日，国际单项体育联合会在圣彼得堡投票表决，正式接受国际啦啦操联合会进入国际单项体育联合会，啦啦操成为独立于国际体联的单项运动赛事，我国也是该组织的成员国。此后，国际啦啦操联合会多次派遣专家团队来华进行规则培训和裁判考核。国家体育总局体操运动管理中心连续三年在南京举办中国（南京）啦啦操国际公开赛。2013年南京亚洲青年运动会与2014年南京青年奥林匹克运动会上，啦啦操作为体育展示项目崭露头角，赢得了国际奥委会的认可，也激发了公众对啦啦操的热情。

啦啦操与校园足球相互呼应，促进了校园文化的繁荣。教育部体育卫生与艺术教育司推广的江阴模式“一校一球一操”使得啦啦操在全国范围内迅速普及。据初步统计，全国已有超过10万名注册啦啦操运动员，28个城市申请成为“全国啦啦操实验区”，近3万所学校在大课间开展啦啦操活动。

三、啦啦操运动的发展趋势

（一）运动项目理论与实践趋于多元化、社会化、生活化、科学化。

啦啦操运动已逐步实现了从实践到理论的提升，进而以理论引领实践。它与体操、健美操、艺术体操和舞蹈融合，吸取其精华要素，实现了多元化发展，扩大了受众范围。它已初步建立了相对完善的理论体系，包括主要内容及分类、成套动作的创新设计、教学方法、课外训练、运动负荷调控、赛事组织及裁判规则、产业化探索等方面。这一体系的构建是该学科向科学化发展迈进的关键环节。

（二）运动项目文化建设与发展正朝着适应社会政治、经济和文化大发展大繁荣趋势前进。

我国啦啦操文化的兴起与大学篮球联赛息息相关。它以青春活力、健康向上、团结合作的团队精神特质，成为校园体育文化的新亮点，为全面推进素质教育和和谐校园文化提供了有益的平台。随着中国大学篮球联赛的发展、第 29 届北京奥运会的成功举办，以及社会各界的关注，啦啦操在学校中得到了迅速的发展。

啦啦操文化的发展是一项长期而持续的工程，需要与学校整体建设相协调，同时也要适应社会政治、经济和文化发展的趋势。例如，可以从学校培养目标出发，建立具有本校特色的啦啦操文化，使之自然融入学生的日常生活，影响他们的思想观念。啦啦操文化是体育活动与文化理念相互作用的产物，社会各界可以将啦啦操作为媒介，建立体育与文化交流的桥梁，为推进社会主义文化大发展大繁荣做出应有的贡献。

（三）运动的普及与提高相辅相成、齐头并进。

舞动啦啦操与技巧啦啦操在啦啦操运动中互补，前者定位于健身普及层面，专注于普及此项运动，并致力于拓展广泛的受众群体；而后者则属于竞技范畴，以其新颖、挑战性强、多元化的特点满足运动发展的需求。这两者共同推动着啦啦操运动的全面发展。通过推广基础且易学的舞动啦啦操，可以吸引更多初学者投入该运动，并逐步提升他们的竞技能力。而高水平的啦啦操比赛与表演为基础层次的爱好者提供了持续挑战的广阔平台。

对于这两种啦啦操的技术理论及规则导向的探讨，无疑是啦啦操理论研究的重要发展方向。通过深入研究舞动啦啦操和技巧啦啦操的技术特点、表现形式及比赛规则，可以更好地指导和推动啦啦操运动的发展。这种理论研究不仅有助于提高运动员的竞技水平，还可以促进啦啦操运动的规范化和标准化，为其未来的发展奠定坚实的基础。

（四）啦啦操运动发展迈上新台阶。

啦啦操运动作为一项风靡全球的体育运动，自在我国开展以来，青少年对此的欢迎程度和群众普及速度令人惊叹。特别是在2010年的世界全明星啦啦队锦标赛上，中国代表团在街舞啦啦操双人组比赛中夺得冠军，实现了中国啦啦操在国际赛场上的突破，这一成绩具有重要意义。

随着2013年5月国际啦啦操联合会通过国际单项体育联合会的认证，我国啦啦操运动的国际地位得到了进一步提升，迈上了新的台阶。从项目独立性的认可到全面的国际认可，伴随着国际赛事和系列活动的举办，我国啦啦操运动的轮廓、内涵、特征和标准逐渐清晰和规范。

（五）看台啦啦操运动项目参与人数增长快速，人员构成呈多样化态势。

在重大赛事中，啦啦操的看台表演已经成为展示国家或民族精神风貌的重要窗口。这种形式的啦啦操充满了青春活力与动感，展现了国际化、现代化和激情四溢的元素。然而，其更为重要的核心价值在于培育选手健康、进取和团队合作的精神，塑造他们积极向上的人格特质。

四、啦啦操的发展特点

啦啦操已由初始的呐喊和口号逐步演变为独立的体育项目，并自美国延展至全球范围。回顾其发展与传播历程，我们可以发现其特征——

（一）依附性

啦啦操最初处于体育赛场的边缘地位，一直作为比赛的辅助项目存在。其发展历程显示出明显的依赖特性，最初常与特定的体育项目相伴而生。例如，美国的啦啦操随着橄榄球运动的发展而壮大，而英国的啦啦操则随着篮球运动的兴起而逐渐形成。捷克斯洛伐克最早的啦啦操团队实际上是美式足球队的一个分支。

尽管如今已经发展出独立的啦啦操比赛形式，但其依赖性仍然在场间表演中得以显现。如今，啦啦操的场间表演已经不再局限于体育赛事，而是扩展至社会各个领域。然而，不论在何种场合，啦啦操始终扮演着“配角”的角色，通过为活动加油助威和表演助兴等方式，活跃活动氛围，并为活动的顺利进行提供支持。因此，啦啦操仍然需要依托各类场合来展示其价值。

（二）开放性

啦啦操自诞生以来其内容便未受严格局限，表现出显著的开放性。初期仅为少数队员的呐喊与口令，随后逐渐引入扩音器、鼓及其他发声器材，以及闪光卡片、纸质绒球、标语、丝带与扣环、乙烯绒球、彩丝花球等元素。此外，身体表演动作亦由最初的手势舞，逐步扩展至大腿舞、爵士舞、筋斗与翻转动作、绒球套路、飞行表演、托举与罗汉造型、街舞、各类跳跃动作及健美操动作等。这些道具与身体运动皆可融入啦啦操之中，充分展现了其发展过程中的开放特性。

现代啦啦操主要涵盖以下三大方面内容：语音与音乐，包括呼喊、口号、诗歌及音乐伴奏；身体运动，包括各类舞蹈动作及高难度动作；道具，包括横幅、标语、彩球及各类小型辅助工具。虽然这三类内容分别属于不同范畴，但在实际操作中并无严格限制。例如，如今的舞蹈啦啦操比赛并不限定舞蹈种类，对于道具的选择亦无严苛规定。至于技巧啦啦操，其内容更为丰富多元，涵盖体操性动作、跳跃性动作、舞蹈性动作、技巧性动作等。以上种种均彰显了啦啦操内容的开放性特质。

啦啦操由男性创立，早期由男性组成的啦啦操团队主导着该运动的发展。作为体育运动的一部分，啦啦队当时被视为男性专属的领域。然而，直至 20 世纪 20 年代，由于美国体育赛事缺乏参与者和资金支持，一些人提议邀请女学生在场边领导啦啦操表演，以提高吸引力。随后，女性逐渐成为啦啦操的主力军。20 世纪 50 年代，女性开始主导啦啦操，许多男性选择退出，因为他们不愿意与逐渐变为“女性活动”的项目产生关联。到了 20 世纪八九十年代，男女混合的啦啦操逐渐盛行，男队员负责技巧展示，女队员则负责舞蹈表演，从而实现更高难度的动作组合。然而，男性队员相对较少，通常仅有 1—3 名，而女性队员则多达数十名。如今，啦啦操已经发展成以女性为主导的运动项目。

（三）多样性

源自橄榄球场边的啦啦操最初旨在激发观众的热情，支持球队取得胜利。20 世纪 20 年代起，啦啦操的观赏性逐渐凸显，并被视为一种娱乐大众的手段，进一步活跃了比赛的氛围。经过演变与完善，如今的啦啦操已经不再局限于橄榄球赛事，而是在多个运动项目中得到应用。更为重要的是，啦啦操已经深入社会各个领域，为各类社会活动提供支持，例如增添节日的欢乐气氛、庆祝企业成立、为慈善事业助力、弘扬校园文化等。

此外，啦啦操表演需要完成高难度的体操、舞蹈及技巧动作，这就赋予了它类似其他体育运动的锻炼价值。啦啦操的口号呼唤和情感调动有助于培养人们的领导力，而进行托举等动作则强调团队间的信任与协作，对于团队精神的形成具有积极作用。作为一个独立的体育项目，啦啦操拥有自己的竞赛活动，具备比赛的功能。因此，啦啦操的功能已经从单一走向多元。

（四）国际性

在 20 世纪 80 年代之前，啦啦操仅在美国兴盛，并根植于本土文化，后来在美国体操协会及一些啦啦操爱好者的积极推动下，该运动逐渐走出美国，向全球扩展。

五、啦啦操快速发展的原因

运动在社会中的发展源于多方面因素，其中核心因素包括运动项目自身的属性、社会价值及适应性，及其受社会支持的水平和运营体系等。

（一）啦啦操本身的特性

啦啦操源于橄榄球赛事，后逐渐融入其他体育竞技项目，旨在激发观众的热情，支持团队赢得比赛。每支参赛队伍拥有其专属的啦啦队。因此，竞赛场馆内的角逐也是啦啦队之间的较量。为争取更多支持者，各啦啦操队伍倾力展现极具感染力的动作与口号，通过高难度套路及道具表演等方式，吸引观众参与其中。

啦啦操内容随着啦啦队竞争的加剧而不断完善。从简单的口号，到利用扩音器、鼓等发声设备，再到大腿舞、体操、跳跃等复杂动作，直至运用各类道具，进行托举、叠罗汉、抛接等技巧展示，啦啦操套路日益多样化，观赏性与吸引力不断提升。

啦啦队竞争程度因所支持的比赛项目差异而不同。通常，比赛项目的竞争愈激烈，攻防转换速度越快，对啦啦操运动发展的影响越大。例如，篮球与橄榄球的啦啦队表现形式存在显著差别，篮球运动节奏快，一分钟即可得分，攻守频繁变换，观众情绪更为激动，更易投入啦啦操活动，推动该运动快速发展。

（二）啦啦操的社会价值

1. 啦啦操的教育价值

（1）对生理的影响

啦啦操作为一项综合性艺术运动，以其多样化的身体动作形式，为参与者提供了广泛而综合的健身效益。此运动不仅使人的整体身体素质显著提升，还对参与者的身体形态、生理机能、体能素质及运动技能产生深远影响。

啦啦操运动员的身体姿态常常成为吸引观众目光的焦点。他们追求身体匀称、灵活与健康之美，严格控制体重，以确保能够安全、流畅地完成各种高难度动作。为此，啦啦操运动员需要进行体重管理和体态塑造训练，以保持良好的体形和姿态。

参与啦啦操运动有助于全面提升身体素质，并增强各项运动技能。跳跃动作有助于提高弹跳力和动作速度；体操动作有助于增强弹跳力，提高动作速度和敏捷度；舞蹈动作有助于提升柔韧性、灵活性和协调性；而技巧动作如托举、叠罗汉、抛接等，则有助于锻炼力量、动作速度和平衡感。整套动作通常持续3—5分钟，其间需要持续完成各种高难度动作，以达到锻炼耐力的目的。

正是由于啦啦操具备全面提升身体素质的独特优势，其运动员普遍具备出色的运动能力。据统计，在美国，高达62%的啦啦操成员同时参与第二项运动。美国学者托马斯等人对啦啦操运动员的身体力量、肺活量、体脂等多项素质与机能进行了科学测试与评估，结果显示，啦啦操运动员的身体素质与得分均达到了较高水平，与其他竞技运动员相比，毫不逊色。

（2）对心理的影响

啦啦操不仅具备娱乐功能，而且对人类心理产生深远且多元化的积极影响。在国际范围内，啦啦操被赞誉为“欢笑运动”，表演者以充满热情的笑容激发观众的积极性，营造愉悦的氛围，有助于预防消极情绪，如沮丧、失望和抑郁等，从而提升大众的心理健康水平。

啦啦操还能有效锻炼参与者的专注力。由于比赛场面变化万千，啦啦操团队需要时刻关注比赛动态，并适时加油助威，这有助于培养参与者的专注力和协调能力。

此外，啦啦操对于性格的塑造，以及提升运动自信也发挥着显著作用。美国学者克里夫顿对啦啦操运动员进行了关于运动自信的研究，发现男女运动员在各自擅长的领域展现出了高度自信，例如男性在举高和抛接环节，女性在跳跃和舞蹈动作中表现出色。

（3）促进人的社会化

啦啦操在促进个体社会化方面具有重要作用，主要表现在以下几个方面：

首先，作为一项集体体育运动，啦啦操强调整体效果，注重团队合作。因此，队员之间的交流与磨合尤为重要。啦啦操队员通过调动观众的热情来支持本队，经常面对观众，运用口号和肢体语言与之交流，最终达到情感共鸣，这有助于提高人际交往能力。啦啦操队员通常有许多外出表演或比赛的机会。对于啦啦操队员而言，外出旅行是一种非常有价值的教育机会，有助于拓宽视野，增强社会适应能力。啦啦操为个体提供了改变自身社会地位、争取个人成功的平台。在美国，啦啦操是女性获得社会地位的重要途径之一，有学者对女性获得社会地位的方式进行了排名研究，结果显示啦啦操排名第七。

（4）培养领导能力和团队精神

啦啦操队员在英文中被命名为“cheerleader”，即“欢呼的领导者”，指的是该团体在公众视野中扮演着鼓舞、欢庆的角色，点燃观众的激情，赢得尊敬，并引领团队向前发展。研究显示，美国学校的啦啦操队员中高达 83% 在学校组织中担任领导职务，成为校内主要学生干部。

啦啦操强调协同效应，侧重于团队协作，对于培养大众的合作观念和团队精神具有显著效果。其中，托举、叠罗汉和抛接等动作对于培养学生的团队精神尤为关键。在完成这些动作的过程中，下层与上层成员分工明确，各自承担不同任务，有需要团队成员密切配合，相互信赖，这就增强了团队的凝聚力。

2. 啦啦操的文化价值

（1）啦啦操是一种欢快喜庆的娱乐文化。

啦啦操源自早期部落民族的欢呼和舞蹈，逐渐演变成如今的状态，其独特之处在于，它不以得分或击败对手为目的，而是强调表现性和吸引力。运动员需要具备良好的情感表达能力和慷慨大方的精神，以激发观众的热情，而非追求竞技成绩。

在表演和比赛中，啦啦操团队通常以鲜艳的服装、多彩的道具、动感的音乐、流畅的动作及灿烂的笑容，营造欢乐喜庆的氛围。正如严爱平所指出的："尽管各队之间动作难度存在差异，但现场参与度和表现力均达到较高水准，比赛气氛热烈和谐，场内跳跃呼唤，场外声援响应，形成了热烈且激动人心的现场氛围。"

（2）啦啦操是一种自我张扬的个性文化。

啦啦操的鲜明特点在于重视个人价值，倡导自由与创新。这一特性在啦啦操中得以充分体现，特别是在坎贝尔将啦啦操引入现代体育运动领域后更加明显。其表演形式及个性化的鼓舞言辞，均展现出浓厚的自我表达特质。现代啦啦操的编排与表现同样彰显出这一文化倾向，包括高亢的呐喊声、炫目的空翻技巧、热烈的舞蹈，富有节奏感的音乐等。此外，多样化的罗汉造型等元素也是其个性的展示。每个动作都别具匠心，充满情感的释放和个性的展示。整个场面犹如一幅由众多个体共同描绘的画卷。因此，啦啦操对于塑造个人性格具有独特的影响力。

（3）啦啦操是提高社会道德水平的规范文化。

啦啦操的目的在于为特定团队或组织赢得支持，激发观众参与并支持表演。作为团队形象的代表，啦啦操队员处于核心位置，经常成为关注的焦点，因此需要严格遵守行为准则和礼仪规范。在比赛场边为自己的队伍加油时，应展现出积极向上的体育精神，鼓舞队友，但不应采取攻击或侮辱对手的行为。同时，应以身作则，避免佩戴过多华丽饰品或嚼口香糖等不当行为。

当啦啦操队员代表学校外出旅行时，首要任务是确保自己的行为符合示范标准。对于违反纪律的运动员，应采取相应的惩戒措施，例如大声吵闹、举止粗俗或不守规矩等。这些行为规范和礼仪有助于培养啦啦操队员公正、竞争、协作、团结、友爱和谦逊的道德观，从而提升社会道德水平。对广大青少年及其他社会成员来说，这具有深远的教育意义。

（4）啦啦操是可以提高审美意识的情感文化。

现代啦啦操已经逐渐演变为一种综合性媒介，融合了传统体育元素与表演艺术特征，注重舞蹈艺术的表现、服装设计及整体效果，并关注观众的反馈。在表演和比赛中，啦啦操能够为观众带来丰富的视觉体验，其中包括优美的舞姿、健美的体态、惊险刺激的技巧展示、音乐与动作的完美协调、运动员的健康形象、华丽的服装、精美的道具、优雅的动作和高尚的品德等。这些美学元素不仅能够净化心灵，提升审美能力，还能陶冶情操。

此外，啦啦操运动员常常积极参与慈善募捐活动。许多学校的啦啦操队甚至每年举办一次慈善募捐活动，以提升公众对啦啦操运动的认同度，并提高个人的道德修养。

3. 啦啦操的经济价值

马克思的理论强调了经济在社会进步中的关键作用，而这一观点同样适用于体育事业的发展。随着体育活动逐渐向产业化方向发展，体育与社会经济之间的紧密联系日益突显，二者相辅相成，相互促进。经济作为体育发展的物质保障，国家的经济模式和发展水平对体育事业具有深远影响；反过来，体育的发展也能对经济产生积极推动作用。因此，体育活动的经济效益越显著，其社会影响力和发展动力就越强大。以啦啦操为例，该运动具备良好的商业化发展前景，呈现出明显的经济效益。啦啦操可以与其他运动项目协同发展，借助其他项目的产业化进程来推动自身的发展，例如与篮球、足球、橄榄球等项目结合。啦啦操比赛形式多样，富有活力，具有极高的观赏价值，因此能够带来丰厚的票房收入和电视转播收入。啦啦操在培训、服装、音乐等领域具有巨大的市场潜力。在美国，全年都有各种啦啦操培训班和训练营，尤其是夏季培训营，更是盛行，每年约有 50 万名啦啦操运动员参与其中。此外，还有短期培训班，学费在两天 85 美元至四天 125 美元之间。音乐制作需要专业团队负责，专业混音价格在每分钟 30—300 美元，整首曲子的制作成本则为 1000—2500 美元。服装、鞋袜和道具等也构成庞大的产业，众多企业在网络平台上销售相关产品。啦啦操独特的表演方式，如口号呼喊、标语和横幅等，使其成为体育赞助商青睐的理想项目。

（三）啦啦操的社会适应性

啦啦操作为一种社交艺术形式，具有较大的社会价值和发展潜力。其丰富多样的表现形式不论难度高低，均适用于各个年龄层次的人群，因此拥有广泛的群众基础。此外，啦啦操不仅具备娱乐、锻炼和竞技等多重功能，而且在社会发展方面具有广阔的空间，能够以灵活的姿态深入社会的各个阶层。

在教学环境中，啦啦操被视为一种有效的教学工具。通过学习啦啦操，学生的体质可以得到提升，运动技能可以得到增强，团队协作和竞争意识也能够得到培养。在各类学校赛事中，啦啦操的表演能够活跃气氛，提高比赛的观赏性；同时，在开学典礼、校庆、运动会等重大活动中，啦啦操的演出也能够营造热烈的氛围。此外，啦啦操还能够推动学校落实政策、实现目标，并为学校活动筹集资金。啦啦操竞赛有助于丰富校园文化生活，推动学校体育事业的发展。

在各社区与企业组织中，啦啦操可以充分发挥其优势。儿童和中年妇女可以通过舞蹈啦啦操来锻炼身体，提升运动能力；年轻人可以选择技术啦啦操或舞蹈啦啦操进行训练。社区各类活动，例如体育比赛、公司开张、周年庆典、节日庆祝等，均可以引入啦啦操元素。此外，还可以举办社区内部或跨社区的啦啦操比赛，丰富居民的精神文化生活。

在大型赛事和活动中，啦啦操同样能够大显身手，例如，在NBA篮球赛场进行娱乐表演，在狂欢节上助兴演出，等等。

（四）啦啦操的社会支持

1. 学校的支持

作为啦啦操活动的核心场所，高校已经成为全球各地区发展此项运动的主要领域。很多大学都设立了啦啦操团队，为啦啦操队伍提供全方位的人力和物资支持，同时在训练和学习时间上为啦啦操队员做好平衡，使其顺利完成学业。

2. 协会的支持

啦啦操协会在啦啦操的发展中扮演着举足轻重的角色，这一点在许多国家得到了证实。协会被视为啦啦操国际化的重要途径，啦啦操的传播往往通过协会之间的交流与合作实现。几乎所有的啦啦操赛事和培训都在各个协会的运作下进行。

国际啦啦操基金会于 1967 年发起了“让啦啦操风靡全美”运动，1978 年举办了学院间啦啦操锦标赛，推动了啦啦操在美国的迅速普及。英国最初发展啦啦操时面临困境，缺乏教练、信息和设备等资源，学习班规模有限，而且是季节性的。针对这一困境，英国成立了啦啦操协会，并在美国啦啦操协会的支持下迅速改善了这一情况。在英国啦啦操协会的倡导和美国啦啦操协会的支持下，欧洲啦啦操运动得到了迅速发展。

日本在啦啦操发展初期就成立了啦啦操协会，统一规划和管理，经过十几年的发展，成为啦啦操强国，曾在世界啦啦操锦标赛中获得冠军。

在我国，开展啦啦操活动初期，缺乏必要的教练和相关技术信息，练习者只能自发进行体操和托举动作的练习，导致安全问题频发。这些问题在啦啦操协会成立后逐渐得到解决。

3. 家长的支持

在国外，青少年参与啦啦操活动的比例相对较高，然而，啦啦操运动，特别是其中的技巧部分具有一定的风险性。因此，在参加该项运动之前，未成年人需要获得监护人的同意，并可能需要签署相关协议，以确保其权益受到保护。尽管如此，啦啦操仍然受到广泛欢迎，也得到了家长们的大力支持。

4. 企业和个人的支持

企业对啦啦操的支持主要体现在对队员的招聘策略上，他们高度肯定啦啦操队员的领导力、人格特质和综合素养。因此，企业更倾向于选择啦啦操队员作为校园招聘对象，以提升其附加值，并进一步激发社会大众投入啦啦操运动的热情。

个人对啦啦操运动的支持主要体现在两个方面：首先，个人积极参与啦啦操运动的普及与推广工作；其次，个人通过设立奖学金等方式激励学生参与啦啦操运动，以推动其发展。例如，美国著名人物赫基默主持了两次啦啦操学术会议，成立了国家啦啦操协会，并设计了口号、标语、丝带和扣环。此外，在现代啦啦操的国际传播过程中，个人的倡导也发挥着重要作用，例如捷克斯洛伐克的啦啦操运动便是由一位名叫安妮的美国人协助推动的。

5. 科学技术的支持

科技进步推动了啦啦操运动的繁荣。在早期，啦啦操队员使用音响设备和鼓乐来营造现场气氛。20 世纪 30 年代，绒球表演成为一种时尚，而在 1965 年，弗雷德发明了乙烯绒球，这一道具逐渐成为啦啦操表演的主流道具，它色彩斑斓且更为持久耐用。

现代音响技术与设备为啦啦操注入了动感音乐，提升了其艺术感染力，使其更具吸引力。

除此之外，信息技术对啦啦操运动的发展也产生了深远影响。首先，电视或录像的传播扩大了啦啦操的影响力，例如 NBA 篮球联赛的啦啦操表演通过电视转播，世界各地的观众都能欣赏到。其次，网络技术的发展便于啦啦操爱好者获取相关信息，许多国家都设有啦啦操协会官方网站，提供丰富的资讯和资源。最后，网络论坛为人们提供了交流和探讨啦啦操运动的平台，加深了大众对该项运动的理解和热爱。

（五）啦啦操的运行机制

机制一词本义指机器的构造和运作原理，在科学领域则泛指事物和自然现象的作用原理、作用流程及功能特性。在啦啦操运动中，机制特指从运动员选拔到参与赛事的全过程所遵循的规范化模式。

1. 科学的选材

精心选择合适的人才是成功的关键之一，而在啦啦操运动中，对参与者的要求相当严格。参与者除了身体素质符合要求外，还需要具备多种技能，包括领导能力、体操和舞蹈能力等。在很多国家，建立啦啦操队伍时，非常重视运动员的选拔，这是啦啦操队伍组建和训练的关键环节。选拔工作通常在春季进行，而队伍的组建和训练则从暑假开始。选拔过程非常严格，首先对参与者的学习成绩和日常表现进行评估。要加入啦啦操队，学生必须拥有优秀的学习成绩，这是一个硬性指标，通常用获得的学分来衡量。其次是对综合素质和运动能力的评估。一方面，在评估之前会教授一些简单的动作或套路，并在一段时间后检查完成情况；另一方面，学生需要展示自己的特长，比如已有的体操技能、舞蹈能力等。综上所述，加入啦啦操队，不仅需要良好的身体素质和运动技能，还需要优秀的学习成绩，这两者缺一不可。正是这一科学的选拔程序，使得从事啦啦操运动的学生几乎都品学兼优，从而促进了啦啦操运动的良性发展循环。

2. 科学的训练方法和完善的训练体系

训练和比赛作为体育运动的两大核心组成部分，直接影响着体育事业的发展。特别是在啦啦操这类技术性强且存在一定风险的项目中，训练方法的科学性和体系的完备程度尤为关键。

在很多国家，啦啦操教练必须持有相关证书才可担任职务，否则保险公司将不予承保。为此，各正规协会定期举办教练员培训与技能训练班，邀请专业教练团队亲自授课，以确保训练的科学合理性并降低潜在风险。训练中通常采用循序渐进法与程序训练法，要求在掌握低阶动作之前严禁尝试高阶动作；在进行托举与叠罗汉等高难度动作时，必须严格遵守规定的组合与顺序，以确保安全。

每年暑期和寒假被视为最重要的训练时段，其间还会举办数日乃至一周的技术研讨会、学习营等活动，而周末培训班则贯穿全年，爱好者可随时报名参加。在某些情况下，啦啦操培训可以根据需求定制，训练时间与内容由培训者自行决定，进行针对性强化训练。

这些长短不一的培训课程相互补充、相辅相成，构建了一套完整且相对独立的体系，极大提升了训练的科学性，并激发了啦啦操爱好者的参与热情。

3. 科学的竞赛方法和完善的竞赛体系

啦啦操比赛严格奉行公平、公正和安全原则，根据参赛者的年龄或年级进行分组，并根据其运动能力进一步细化。评判标准全面详尽，既考虑整体艺术表现，又注重各类高难度动作的完成度。各组别必须遵守特定的安全规范，对于高危动作的安全要求尤为严格，例如直臂托举时，下方队员旁边必须有稳固者协助保持平衡；而在屈臂托举时则不这样要求。此外，比赛现场必须配置至少三位专业防护员，以确保安全。

在啦啦操运动普及程度较高的国家，其比赛体系更为完善，从小学到大学的比赛，涵盖了校区间、区域间、州际、全国，乃至国际等多个层面。参赛者可以通过多种方式报名参加比赛，甚至可以通过网络参加任何符合条件的比赛。如今，国际级别的啦啦操世界锦标赛的设立，进一步推动了啦啦操竞赛体系的健全和啦啦操运动的发展。

第二节　啦啦操运动的定义与分类

一、啦啦操运动的定义

啦啦操这一体育运动以音乐为背景，参赛者集体进行复杂的舞蹈动作、基本手势，以及特定动作，其目标在于鼓舞士气、缓解紧张气氛、提升比赛观赏性，彰显团队协作和集体主义精神，展示青春活力和积极向上的精神风貌，同时追求更高的团队荣誉感。啦啦操结合了竞技性、观赏性和表演性，具备独特的魅力。

二、啦啦操运动的分类

针对目前啦啦操发展状况以及未来趋势，可以根据表演场合和特点将其分为两种主要类型：场地啦啦操和看台啦啦操。在场地啦啦操中，可根据动作技艺的不同，进一步细化为技巧啦啦操、舞蹈啦啦操和赛间表演啦啦操三类。此外，根据队员是否使用道具的情况，还可以将看台啦啦操分为徒手看台啦啦操和道具看台啦啦操两类。

（一）场地啦啦操

场地啦啦操是一项团队体育运动，通常在指定的场地上进行，旨在为体育比赛或其他活动助威和热场。在更广泛的意义上，它也被视为一种有组织的场地表演活动。狭义上的场地啦啦操是在音乐的伴奏下，运动员展示高超的啦啦操技巧和舞蹈动作，以展现团队的活力、积极向上的精神。

1. 技巧啦啦操

集倒立、翻腾、托举、抛接、金字塔组合及舞蹈动作于一体的团体竞技项目，包含男女混合组、女子组与舞伴特技三类。

2. 舞蹈啦啦操

以舞蹈动作为主导，融合多种舞蹈元素和技巧，辅以道具的团队竞技项目，涵盖彩球、高踢腿、爵士、现代、街舞、道具等多个类别，展现卓越的运动技艺。

值得注意的是，代表世界啦啦操最高水平的全美啦啦操队锦标赛，其参赛要求为队伍规模 6—30 人，分业余组、中学组、大学组及全明星组四个级别。

3. 赛间表演啦啦操

赛间表演啦啦操是为各类赛事休息时段专门设计并精心编排的啦啦操节目，旨在营造欢快热烈的赛场氛围，鼓舞参赛队员的士气，丰富比赛观赏体验。其表演形式多样，包括爵士、街舞、拉丁等不同风格，参与人数和时长均不受限制。该项目注重舞台效果，追求视听享受，因此对音乐选取、舞蹈设计、队列变换、表演者的动作风格和素质等方面有严格要求；特别关注整体视觉冲击力、音乐与舞蹈的融合度、动作与音效的协调配合、动作创新性，以及表演者风格的和谐统一。为确保演出质量，可增加队列变换、团队协作动作，以及动作层次分明、对比强烈的元素。表演者可借助花球、花环、旗帜等道具增强视觉效果。所有元素都需通过表演者的肢体语言、面部表情及眼神传达给观众，因此，赛间表演啦啦操更注重表演者的表现力。表现力是表演者将编导理念、肢体语言、音乐情感、团队配合融会贯通的综合运用能力，达到渲染气氛、打动观众、增强演出效果的目的。

（二）看台啦啦操

看台啦啦操作为一项独特而富有活力的体育项目，在短暂的两分半钟内，通过规定和自选动作，激发观众的热情，鼓舞人心，振奋士气。表演过程中运用口号、欢呼及各种手持道具等手段，旨在唤起观众的情绪共鸣。

我国已成功举办了看台啦啦操比赛，尽管其表现形式不及场地啦啦操那般激烈，但由于参与者众多，其声势更为浩大。

然而，当前国际学术界尚未对看台啦啦操进行明确的定义。在深入研究的基础上，我们将其定义为观众席上一系列有组织的助威活动。依据队员是否使用道具，可将看台啦啦操划分为徒手与道具两种类型。此外，看台啦啦操还涵盖队员、服装、道具、口号、指挥和配合等多个要素。

根据参与人数的不同，看台啦啦操可分为小、中、大规模三个级别。通常情况下，30—60 人被视为小规模，61—100 人为中规模，而超过 100 人则属于大规模。

1. 徒手看台啦啦操

徒手看台啦啦操是一种体育活动，其特点是不依赖于任何道具或器材，而是凭借参与者的动作技巧和团队协作来展示。作为活跃赛事氛围的一个典型例子，自 1986 年以来，“墨西哥人浪”表演已成为足球赛场上极具观赏性和能够激发球员斗志的方式之一。

2. 道具看台啦啦操

道具看台啦啦操，又称道具啦啦操，属团体竞技体育项目，融合了音乐舞蹈与体育元素，通常在看台背景下以特定道具为辅助手段（如花球、花环、彩旗等）展开演出。道具可选用乐器及装饰性器材，如小型铃鼓、充沙饮料瓶，以及纸质彩球、彩扇等。

第三节　啦啦操运动的特点

根据相关规定，啦啦操被划分为舞蹈和技巧两种类型，参赛选手不受性别限制，参与人数通常为 6—30 人。这突显了啦啦操比赛通常以团体形式展开，合理的人数配置能够更好地展示队员们的精神风貌和创新多元的技巧动作。各种级别难度的技巧动作和队形设计使得表演更加引人入胜，为观众呈现了令人震撼的视听盛宴，彰显了啦啦操运动的独特魅力。

啦啦操是一项以技术为主导的复杂团体项目，主要依赖有氧代谢产生能量。团队协作、相互支持，以及充满活力和朝气的特点，使得该运动备受欢迎。啦啦操的运动特性主要体现在项目特征、技术特征和赛事特征三个方面。

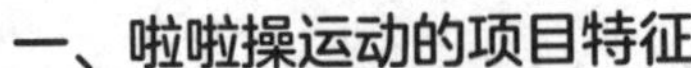

一、啦啦操运动的项目特征

（一）表演形象的动感活力性

啦啦操呈现了年轻活力和健康向上的内涵，这要求队员具备青春的朝气、强健的体魄和优美的体形。男性运动员应展现清晰的肌肉轮廓、匀称的体形；女性运动员则需要展示流畅的肌肉线条，四肢比例协调，肌肤健康。所有啦啦队员都应具备端正的五官、优雅的仪表、青春焕发的气质，展现出新一代青少年的风采。

啦啦队借助具有深意的手势、嘹亮激昂的口号、统一规范的动作、鲜艳夺目的道具、繁复多变的队形变换，以及对空间技艺的运用，传递积极健康的生活理念和自信乐观的精神风貌。

（二）表演技术的风格突出性

啦啦操的技术特性是其独特的艺术风格之一，与健美操和舞蹈有所不同。啦啦操的技术特性突显出肢体动作的力度感，以适度的减速作为过渡，形成明显的对比效果。此外，运动员需要熟练掌握各种基本手势、步法和跳跃技巧，同时融合舞蹈元素、口令等要素，并结合多样化的转向、队形和节奏变化，展现啦啦操独有的魅力。

短暂加速是指肢体在运动中保持清晰的节奏感，强调动作过程中的快速加速和短暂停顿，并非持续不断的加速。在整个动作序列中，短暂加速是动作力度的关键所在，技术水平越高，这种能力就越强。只有运动员的音乐节奏感与动作节奏性完美匹配，才能展现出啦啦操独特的风格。而定位制动则是指在复杂多变的动作过程中，通过精准的制动来强化动作的力度。即使在长时间的手臂组合或高难度的翻腾跳跃动作前后，也应展现良好的定位制动能力。

啦啦操独特的力度表现能有效激发观众的观赏热情，增强与观众的互动效果。

（三）表演组织的团结协作性

啦啦操作为一项集体性运动项目，必须符合特定的比赛标准。根据相关规定，参赛队伍的人数应为6—30名，男女均可参与。这一人数要求旨在确保队形和空间变化的多样性，从而展现出更丰富的技巧和创新性动作，充分展示啦啦操的独特魅力。此外，啦啦操对技能水平有较高要求，队员间需要分享技术和经验，以提升技能执行度和配合默契度。托举、抛接及金字塔组合等环节，都需要参与者发扬团队协作精神，通过密切配合和相互激励，尽最大努力展现团队整体实力，以实现团队的共同目标。

二、啦啦操运动的技术特征

啦啦操展示了其独特的技艺风格，其技术特点主要体现在以下几个方面：首先，操化类动作注重短程路线、快速加速和精确制动，使动作充满力量感；其次，技巧啦啦操中的抛接和翻腾充分展示了团队合作精神，抛接和金字塔组合突显了队员之间的紧密协作和互相激励，进一步提升了团队的整体表现能力；最后，舞蹈啦啦操引入了多元化的舞蹈元素，将队员的活力、激情与特定舞蹈动作相融合，形成了热情洋溢的整套动作。

（一）场地啦啦操

1. 技巧啦啦操

技巧啦啦操的核心元素主要包括操类动作、翻腾动作和金字塔动作。这些基本技术要素涵盖了平衡稳定、抛接、翻转及防护等方面。这些要素构成了技巧啦啦操的基础，对于提升运动员的技能水平和推动该运动的进一步发展至关重要，其基本特征如下——

（1）平衡稳定技术：在技巧啦啦操竞技中，无论是执行高难度的旋转动作、抛接动作还是金字塔动作，运动员都必须具备出色的平衡力和稳定性，以确保完成转身后的落地、空中落位，以及保持特定金字塔姿势的稳定性。在此过程中，每位选手都需要保持核心部位的稳定，并具备较强的平衡感。对于顶尖运动员而言，这一要求尤为严格，因为他们需要执行难度最高、转体次数最多的动作，这直接决定整套动作能否成功。相反，底层运动员在团队中扮演着基础角色，他们需要在确保核心稳定的前提下，为集体造型或抛接动作的时间、空间定位提供支持。在抛接或金字塔动作的执行过程中，个人或集体的重心核心区域至关重要，因为这是力量集中的地方，也是冲击力最强的区域。若能使这一核心区域稳定于金字塔造型的中部，或在抛接时集中于底层运动员的力量集中区，便更容易顺利完成动作。

（2）抛接技术：在啦啦操的表演中，抛接是一个极具挑战性且吸引眼球的环节，同时也是运动员面临的风险最高且易出错的部分。多名底座运动员以各种手法将尖子运动员送至半空，后者则在空中完成各种难度动作，并呈现特定姿态，最终回到底部。通常情况下，抛接组合有 5 名成员组成，包括 1 名尖子队员、1

名负责保护头部的扣肩队员、2名负责抱紧躯干的队员，以及1名提供协助的保护队员。在落地时，尖子队员需要努力使身体与预设地点吻合，扣肩队员则需根据实际情况适时调整站位，确保尖子队员在降落时头部与地面呈垂直状态，而两名抱紧躯干的队员应站立在相对位置。保护队员的关键在于使其保持清晰的视线，以便能够迅速做出准确的判断。

在起抛之前，整个团队需要降低重心，做好准备，然后协力将尖子队员抛向空中，旨在获取最大的初始速度，提升腾空高度，延长滞空时间，为后续空中动作铺平道路。在下法阶段，尖子队员需要保持特定的体态，底座队员则需要以迅速、果断、精确且可控的方式掌控尖子运动员的重心，以确保平稳降落。接住尖子队员时，需要注重高位迎接，并借助屈臂屈膝、下沉动作的缓冲性，延长力的作用，减轻重力加速度带来的冲击力，从而增强动作的稳定性。

此外，抛接动作的成功还取决于两个关键环节：首先是抛离瞬间的发力时机和方向的精准掌控；其次是在抛接下法时对各队员位置的准确判断。

（3）翻转技术：翻转技术是技巧啦啦操中的关键技术之一，涵盖了支撑和非支撑状态下的身体旋转。这项技术通常用于各种翻腾难度动作、金字塔的上下法、托举，以及抛接中的空中姿态变换等环节。在翻转过程中，队员可以展现出直体、屈体、团身等多种身体姿势，旋转轴可以是水平、垂直或两者混合的。整个翻转动作可以分为三个主要阶段：起跳、腾空翻转和落地。起跳阶段至关重要，初速度和起跳角度的瞬间变化将直接影响腾空高度、重心轨迹，以及整套动作的完成质量。进入腾空翻转阶段后，人体已经具备一定的速度，空中姿态的改变将影响身体直径的变化，例如先直体后团身的空翻会缩短身体直径，从而提升旋转速度；反之，则会降低旋转速度。此外，翻转阶段的头部动作也很重要，头部动作的调整会引起全身肌肉紧张程度的变化，例如过早抬头可能导致上体后倾，而起跳角度的增大则会影响动作的高度。落地阶段与起跳技术密切相关，通过肌肉紧张来锁定关节、手臂姿态，有助于调节身体平衡，控制落地速度，增强稳定性。

（4）保护技术：保护者站位的选择非常重要，保护者通常位于抛接组合后方，以便全面观察整个过程及可能出现的安全问题。此外，对队员动作和轨迹的精确判断也是至关重要的，这有助于他们灵活调整自己的位置并采取相应措施。最后，保护者必须具备迅速反应的能力，无论何时何地，他们的行动和手法应准确、迅捷，并注意顺势而为，避免生硬操作。

2. 舞蹈啦啦操

舞动啦啦操以舞蹈动作为主导，融合了多种舞蹈要素，辅以特定器械。其主要技术难点在于跳跃、保持柔软度和控制平衡。舞动啦啦操的基础技能包括操化速度控制、旋转与平衡，以及腾空跳跃技法。

操化加速和制动技术：此技能涵盖明确而有效的手臂动作，需要选择最直接的路径，在短时间内完成动作，然后迅速停顿，展现出准确的姿势。过程应紧凑、有力，且不出现晃动。同样，步伐也需要在短时间内到达预定位置，保持稳健的全脚掌着地状态，避免产生弹性感，使落地沉重而有力。在花球操项目中，对以上要求更为严格。

（2）旋转与平衡技术：这两项技能对于舞蹈啦啦操中的旋

转动作至关重要。在完成旋转动作时，身体重心应保持稳定，避免过多的上下波动。旋转与平衡需要平稳、迅速、流畅地进行，通过躯干的带动来维持稳定的重心轴，利用肢体的伸缩来调整身体平衡及动作速度，同时注意快速转头、甩头，确保视线始终集中于一点，以防因头晕目眩导致失衡。此外，所有旋转动作都需要具备充足的踝关节力量和适当的肌肉松弛度，以保持重心的稳定。在完成动作的同时保持优美的身姿，是每位啦啦操队员的理想追求。

（3）腾空起跳技术：腾空起跳要求具备强大的力量支撑，良好的腿部弹跳力有助于产生足够的动力，实现一定高度的跳跃，在空中保持优美的身姿。除了双脚、单脚起跳技术外，队员还需要掌握独特的连续起跳技巧，有时甚至需要连续进行两次起跳，要求动作衔接紧密。在连续起跳过程中，躯干与四肢需要协同发力，以确保身体姿态平稳，动作连贯。

（二）看台啦啦操

看台啦啦操以参赛人员众多、主要以坐姿完成为特点，相较于场地啦啦操，其技术特点更为简化。该项目的技术训练侧重于口号训练、动作协调，以及音乐与指挥员之间的相互配合。

1. 徒手看台啦啦操

（1）指挥员技术特征：指挥员作为看台啦啦操的独特组成部分，面临的人群庞大，需要在合理规划和近距离指导下，确保活动有序进行。指挥员肩负重要职责，需要与队员进行有效沟通与协作，精准掌控竞赛全程的时间、节奏、动作及口号发令。指挥员运用鼓舞士气、激发斗志等策略，引导全员协同完成动作，确保活动圆满成功。

（2）口号技术特征：口号在看台啦啦操中扮演着核心角色，不仅直接体现了主题，还能激励运动员并展现他们的个性。因此，口号技术显得尤为重要。口号应当易于记忆，同时具备清晰明确的节奏。在训练过程中，需要注意以下几点：①熟记口号，确保全体队员能够一致掌握；②统一语音语调和节奏，确保口号的表达一致且有力；③通过反复练习，达到抑扬顿挫的效果，同时融入个人情感，以提升团队凝聚力；④掌握发音技巧，注重气息在丹田的沉淀，形成胸腔共鸣，从而增强声音的穿透力。

（3）队员技术特征：看台啦啦操动作主要以坐姿完成，并受场地限制，因此更加强调队员之间的协调配合。每位队员在尽力展示个人动作的同时，需注意避免对其他队员造成干扰，以确保整体表现效果。此外，积极向上的精神风貌、出色的身体控制力、坚韧不拔的毅力、强烈的集体荣誉感及团队协作精神，都是呈现完美的看台啦啦操表演的必备条件。

2. 轻器械看台啦啦操

（1）指挥员技术特性：在加装轻器械后，指挥员需在原有职责的基础上充当新角色——充分利用器械特质，通过精准而明快的指挥方式，掌控队员们运用器械的时机，同时关注器械之间可能出现的相互干扰；合理安排比赛进度，掌握节奏、动作及口号发布。

（2）口号技术特性：轻器械看台啦啦操口号与传统口号相似，但需注意发力时间与器械运用时间的协调，借助器械发力过程，扩展胸腔，从而更轻松、响亮地发出口号。

（3）集体协同技术特性：受限于场地空间及队员手持器械，

相互干扰现象容易出现，影响动作整体效果。因此，每位队员在训练过程中应注重掌握各动作完成程度、路径轨迹、暂停位置等，熟练运用器械，发挥优势，避免互相影响。

三、啦啦操运动的赛事特征

（一）赛事起源的依托性特征

啦啦队竞赛的起源可追溯至美国，最初主要在橄榄球和篮球比赛中展现，旨在为运动员加油助威，激发其勇往直前的精神。因此，啦啦队并非仅关注专业技能的提升，而是更加注重激发观众和运动员的热情与活力，营造出欢乐的氛围。这一背景赋予了啦啦队强大的感染力和团队凝聚力，为其独立发展奠定了坚实的基础。

（二）赛事的规模性特征

啦啦操团队依赖大量队员形成强大的整体影响力，因此其比赛通常涉及数百至数千名参赛者。为确保比赛顺利进行，必须实施严格的执行措施，执行合理的规章制度。这种规模庞大的赛事对组织者提出了极高的要求，成功举办的比赛极大地提升了该项目的影响力。

（三）赛事的地域文化交融性特征

体育运动发展初期常以本土艺术文化为基石，成为区域民俗风格和情感表达的生动展示。然而，随着发展的推进，这些运动形式会逐渐与时代潮流相融合，并在跨越国界后，与当地特色文化融合，逐步演变为具有针对性和适应性的全新形态。就像啦啦操这项源自美洲的体育运动一样，它将自由、热情和个性魅力融入其中，在全球范围内产生深远影响。啦啦操之所以能够在全球范围内风靡，原因在于其独特的艺术观赏价值，以及在动作编排中体现的艺术元素和文化内涵。同时，不同国家之间的啦啦操交流活动也是一种文化交流与碰撞，为人们带来了更加丰富多彩的体育文化体验。

第四节　啦啦操运动的任务与意义

从古希腊第一次奥运会上观众为运动员呐喊助威，到 1898 年美国明尼苏达州大学橄榄球赛中首次出现有组织的啦啦操表演，再到如今，啦啦操运动已经适应了学校和社会背景下多种角色的需求，得到了大众的广泛认可。在校园竞赛和职业体育中多样化的应用，使其成为一项极具国际影响力的竞技运动项目。啦啦操在现代社会中的重要作用与地位，与其承担的任务和蕴含的意义密不可分。

一、啦啦操运动的任务

（一）场地啦啦操运动与看台啦啦操运动的共同任务

场地啦啦操运动与看台啦啦操运动的共同任务是鼓舞士气、渲染气氛、传递精神。

1. 鼓舞士气

啦啦操运动的根本性宗旨在于激发参与者的昂扬斗志。追溯至 1898 年，美国明尼苏达大学的学生约翰尼・坎贝尔在一场橄榄球比赛中情绪高涨，从观赛群众中振臂一挥，挺身而出，站至观众视线的前列引领全场为比赛喝彩，这一事件被视为有组织的啦啦操运动诞生的重要里程碑。从那以后，啦啦操运动便与各类体育竞赛及各类活动紧密相连。啦啦队成员在比赛场地内通过富有感染力的精彩表演，引导观众齐声呼喊，为运动员加油打气，增强他们的自信心，使其坚定信念，不畏艰难险阻，勇往直前，直至取得最终的胜利。至于看台啦啦操，其主要职责在于组织观众席上的观众开展一系列有条理的助威活动，从而在精神层面给予参赛选手强大的支持，实现为运动员加油鼓劲、激励士气、活跃现场气氛等多重目标。可以说，现代啦啦操的诞生与引领观众齐声助威之间存在着直接而密切的关联。

2. 渲染气氛

啦啦操作为一种充满活力和震撼力的运动形式，在激励参赛团队保持高昂斗志的同时，也为整个比赛过程活跃了氛围。啦啦操队伍在场地上和观众席前的表演极具感染力，吸引了广大观众的目光，成为各类体育赛事中引人入胜的一道景观，其精彩表演使得现场气氛热烈、欢乐。此外，啦啦操的表演不仅让运动员和观众沉浸其中，也使得参与者和观赏者的情感达到一种忘我境界。这种身心投入带来的极大愉悦感深刻地展现了体育运动的独特魅力。

3. 传递精神

啦啦操运动是一项充满朝气和活力的运动，代表着体育运动中积极乐观、坚韧不拔、奋斗进取的精神。作为有组织、有纪律、有战斗力的团队，啦啦操队伍通过训练、比赛和日常生活中的实践，传承和展现啦啦操运动所蕴含的运动精神。作为啦啦操队员，他们肩负着树立和传播啦啦操运动精神的责任和义务。无论面对何种挑战，啦啦操队员都应以积极乐观的心态面对，努力寻求解决问题的方法，展现出坚定的信心和顽强的毅力。他们应该奋发图强、积极进取、永不言败，以此彰显啦啦操运动所代表的精神风貌。

（二）场地啦啦操运动的特殊任务

除了鼓舞士气、渲染气氛、传递精神之外，场地啦啦操运动还承担着培养技能、增强体质、磨炼意志的任务。

1. 培养技能

啦啦操运动作为一项竞技项目，要求运动员在有限的时间内展现出极高水平的专业技能，将各种舞蹈元素相融合，充分展示出青年人的活力和团结向上的团队精神。由于其技术要求的复杂性，啦啦操运动员必须进行大量艰苦的训练，以精通各种动作技巧。

在技术要求较高的啦啦操表演中，运动员需要巧妙地融入翻滚、托举、抛接等多种高难度技巧动作。这对他们提出了更高的要求，他们需要经过无数次训练，不断提升自身的力量、速度和灵敏度，以熟练掌握这些动作技巧。只有如此，运动员才能在舞台上完美呈现每一个动作，展现出挑战自我的坚定意志和信念。

2. 增强体质

啦啦操运动作为一项规范化的体育项目，在塑造人体和促进健康教育方面具有显著影响。在这一运动中，音乐、舞蹈和特殊技能等多元化元素交织，参与者需要密切合作，并借助音乐的节奏，共同完成各种具有挑战性的舞蹈和技术动作。这要求参与者在日常训练中，除了全面发展体能之外，还要接受严格的乐感训练，熟练掌握各种托举和投掷技巧，以及多样化的舞蹈动作。

为实现上述目标，参与者需在日常训练中加强速度、力量、耐力、柔韧度和反应能力等方面素质的培养，同时通过系统的形体训练塑造优美的姿态，并通过舞蹈训练提升综合素质。这一综合性训练旨在持续提升啦啦操队员的各项素质，最终实现塑造健康体魄的目标。

3. 磨炼意志

意志品质涵盖了一个人的目标意识、自我约束、自信心、坚韧性、自律能力及勇气和主动性等。这种品质既在克服挑战时得以体现，也是在应对挑战中逐渐培养和加强的。在场地啦啦操运动中，队员们表演和训练时常常面临各种困难，需要挑战自己的体能，克服运动带来的疲劳和不适。这就要求他们具备坚定的信念和信心，通过不断克服困难来培养良好的意志品质。因此，啦啦操运动有助于塑造和发展个体的意志品质。

（三）看台啦啦操运动的特殊任务

除了鼓舞士气、渲染气氛、传递精神之外，看台啦啦操运动还有号召文明观赛、互动呼应的任务。

1. 文明观赛，和谐共荣

随着社会的迅速发展和人类文明进程的持续推进，不论是国际大赛还是国内比赛，不文明行为都呈减少趋势。然而，尽管如此，我们仍然无法忽视部分人所表现出的不良行为习惯，比如随意丢弃垃圾、大声喧哗、诋毁他人等。这些不文明现象主要源于观众个体素质参差不齐，缺乏团队合作精神与凝聚力，组织性与纪律性的欠缺，以及缺乏规范统一且正式的助威歌曲与口号，同时也没有明确的识别标志。

目前国内使用的一些助威歌曲与口号未能充分展示中华民族独特的文化特色，在大型体育赛事的舞台上，无法有效地展现与传播中华民族的文化内涵，缺乏民族性识别特征。因此，看台上的啦啦操运动承担着引导和教育广大观众，促进文明观赛的重要使命，旨在使体育赛场真正成为构建和谐社会的重要窗口。

2. 互动呼应，鼓舞士气

观赛者观看竞技赛事，已超越单纯的欣赏，融入了更深层次的认同与情感体验。在观赏过程中，观众不自觉地将自身与所支持的参赛队伍视为一个整体，与竞争对手在精神层面、情感共鸣和实际行动上进行比拼。观众试图利用竞技赛场所特有的文化元素来传达个人信仰、情感波动和力量，以鼓励参赛选手取得胜利，同时满足自身的娱乐需求和心理诉求。体育竞赛过程中的赛场内外交流，包括观众与参赛选手之间，以及观众之间的交流，对双方都产生了深远影响。这种影响在时间上具有相当程度的持续性，不仅体现在比赛期间，甚至在赛后的日常生活中也会持续一段时间。在观众与参赛选手的互动过程中，团队的集体荣誉感得到提升，凝聚力得到加强。

二、开展啦啦操运动的意义

（一）丰富社会主义文化大发展大繁荣的内容与手段

在各级各类学校内推广和发展啦啦操运动，不仅丰富了学生们的校园文化生活体验，而且展示了他们的活力与青春风采。作为一项健康、积极向上且富有感染力的竞技运动，啦啦操巧妙地融合了合作精神，成为广大学生喜爱的运动之一。啦啦操队伍在校园中建立，不仅提升了整个校园的形象，展现了朝气蓬勃、生机勃勃的精神风貌，还激励了师生以更加努力、积极向上的态度追求知识和生活乐趣。而啦啦操队员们在长期的刻苦训练中培养出的坚韧、吃苦、勇于挑战、团结协作的精神品质，则充分体现了当代青少年勇攀高峰、勇往直前的豪迈气概和坚定信念。因此，在学校范围内推广和普及啦啦操运动对于丰富校园文化生活至关重要。此外，作为现代社会新兴的体育运动形式，啦啦操丰富了各类比赛活动的文化内涵，对人们的日常生活产生了积极而深远的影响，逐渐成为大学校园，乃至竞技体育领域备受瞩目、广受欢迎的热门运动项目。

（二）提升凝心聚力精神，弘扬民族文化

竞赛场地上的啦啦操表演，是展示中华民族文化特色的重要平台之一，也是弘扬我们优秀的民族文化的有效途径之一。以场地啦啦操为例，队员们身着具有鲜明民族特色的服饰，伴随着富有民族韵味的音乐旋律，手持各式各样的民族特色道具，通过演绎具有浓郁的民族风情的舞蹈动作，将丰富多彩的民族文化展现

在观众面前。在大型赛事，尤其是在奥运会等国际舞台上，啦啦操表演不仅为参赛选手加油打气，还通过富有民族特色的元素，使其意义超越了单纯的体育竞技活动，成为展示一个国家和民族的文化风貌的重要平台。对民族优秀文化的展示，以及对民族特色元素的巧妙运用，充分彰显了中国人民团结一致、众志成城的精神面貌，以及我们国家的欣欣向荣。

（三）提高民众修养，构建和谐社会

啦啦操运动所彰显的积极进取、永不言败及团结协作的精神，深刻阐释了该项体育运动所蕴含的文化内涵，对于提升参赛选手及广大观众的个人素养，推动社会和谐，具有深远而重要的现实意义。在标准赛场上，啦啦操团队通过精彩绝伦的技艺表演，向广大群众传递着健康向上、充满活力的文化精神，激发人们的奋斗激情，鼓舞人心。而在观赛看台上，啦啦操队员们热情洋溢的口号声深深打动着每一位现场观众，人们共同欣赏文明之花绽放的美好景象，营造出和谐有序、热烈文明的观赛氛围。所有参与啦啦操活动的团体和个人都将深受这些内在精神的熏陶，并逐渐将其融入日常的工作、生活和学习中，有助于提升个人素质，为构建社会和谐贡献更大力量。

（四）发扬团结互助精神，协同发展

啦啦操运动常以集体协作的方式呈现，是对集体主义精神的生动体现。在这一过程中，队员需要发扬团队合作精神，才能呈现引人入胜的表演。即便是微小的失误，也可能对整个团队的演出效果产生重大影响，甚至导致失败。啦啦操表演中的动作统一、口号响亮及标识鲜明等特点，无不展现着团结即力量、团结即胜

利的理念。这种深刻的情感表达是通过长期的日常训练和生活实践逐渐形成的。只有团队壮大，每个成员的综合素质才能得到有效提升。啦啦操团队中的每个成员都应将团队精神融入自己的行为中，并努力传递给周围的人，使他们受到集体主义和团结合作精神的影响和启示。在当今多元化社会中，我们不仅要提倡个体的独特性和创新思维，还必须更加重视团队成员的协同作战能力，以及集体面对挑战时的勇气和决心。啦啦操运动无疑是集体主义和团队协作精神的完美体现。

（五）倡导不畏困难、勇往直前的积极进取精神

自古以来，勤奋、坚韧和勇敢一直被视为中华民族的传统美德。对于个人和团队而言，积极向上、永不言败无疑是优秀品质。啦啦操作为体育项目，可以不仅锻炼参与者的意志，还可以激励参赛者克服困难、勇往直前，赢得比赛的胜利。在啦啦操运动中，有许多象征着积极进取、奋斗拼搏的精神元素，例如各种手势动作代表着胜利、力量、团结、自信等内涵。此外，口号和标语也能反映出进取和奋斗的精神内核，激励队员们战胜困难。因此，通过有计划、有组织地推广啦啦操运动，可以让积极进取、奋斗拼搏的精神深入人心，为培养青少年积极向上、勇于奋斗的精神风貌发挥积极作用。

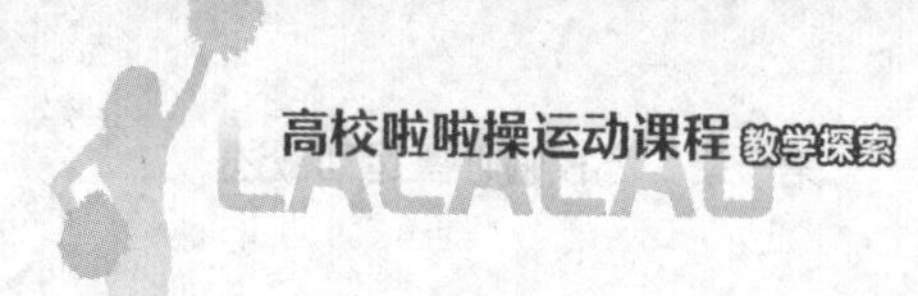

第二章 高校啦啦操术语

第一节 技巧啦啦操术语

一、技巧啦啦操组成人员术语

技巧啦啦操组成人员术语主要根据技巧啦啦操运动员所处的不同位置进行分类。

（一）底座

主要支撑者：指的是在运动过程中负责承担顶尖队员大部分体重的人员。

底座角色：指在此运动项目中，当顶尖队员脱离地面时，负责支撑其主要体重或为其提供完成运动动作所需的动力支持的人员；需要进行将先锋队员抓取、托举或抛出地面等环节。

原始底座：在整个托举环节启动之初，仍与顶尖队员保持身体接触的底座。

新的底座：在托举过程中的某个时刻，先前并未与顶尖队员产生直接接触的底座。

（二）尖子

尖子：指进行托举或抛接动作时的上层队员。

（三）保护

接应人员：在托举中，承担确保顶尖队员安全落地这一责任的成员。

护卫人员：此类角色的首要任务在于进行托举或篮抛项目时，负责保障顶尖队员头部及肩部的防护，护卫人员须处于其邻近或后方位置。

1. 护卫人员必须坚守在表演场地内。

2. 在实施技术技巧动作的过程中，护卫人员需保持高度专注力。

3. 每一次高位托举均需配备相应的护卫人员。

4. 尽管护卫人员无须直接参与托举环节，但务必在适当位置预防可能出现的意外伤害。

5. 护卫人员严禁让自身躯体的任何部分位于托举下方。

6. 护卫人员可选择握持底座的手腕、手臂或者顶尖选手的腿部和踝关节，抑或是避免与托举中的顶尖队员产生直接接触。

7. 护卫人员禁止将双手置于顶尖队员的足部或底座的手掌之下。护卫人员可将其中一只手置于顶尖队员的脚底，而另一只手则可置于某一底座的手腕之后或顶尖队员脚踝的后方。

8. 在特定情境下（例如托举过渡阶段），护卫人员可被视作底座的替代角色。

二、技巧啦啦操难度动作术语

（一）翻腾类动作术语

腾空：在侧手翻或软翻过程中并未借助双手进行地面支撑。

翻腾：泛指始自地面，最终仍回归地面的各类体操或杂技技巧动作。

接触翻腾：特指两个或两个以上的队员在同步实施翻腾动作期间产生的肢体碰撞。请注意，在各级别比赛场内，倘若出现技法衔接的接触翻腾行为，则会被判定为违规动作。

特殊情况：两名选手同时实施手翻技术，将被视作一项托举类技巧表现。

有辅助的翻腾：即任何形式的借助他人身体力量进行的个人翻腾动作。然而，此规定并不适用于所有级别的托举项目。

原地翻腾：专指一种翻腾技巧，其特点是从直立姿态出发，无须任何前进动作即可启动。在翻滚动作之前出现任何后退动作，均应归入“站立翻腾”类别。

行进间翻腾：需要在翻腾过程中借助奔跑，以获取技巧所需的动能，包括上步或跨步等动作。任何发生在翻腾技巧之前的前进动作，皆可视为“行进间翻腾”。

前滚翻：一种非腾空性质的翻腾动作，运动员需以髋部高度超过头部的方式，经由倒置位置进行向前旋转，同时保持团身状态，呈现出类似于球体在地面滚动的效果。

后滚翻：同样是非腾空性质的翻转技巧，运动员需通过倒立姿势实现向后旋转，同时弯曲脊柱，营造出类似球体在地面滚动的视觉效果。

鱼跃滚翻：这是一种在手部接触地面之前，脚部已经离地的向前翻滚动作。

手翻：此动作主要依靠手臂发力，借助肩部产生强大推动力，使身体从手中弹出，既可向前完成，又可向后完成。

侧手翻：一种非腾空性质的体操技巧，运动员需利用手臂承担自身体重，同时进行侧向倒立旋转，每次仅以单脚着地。

Block 侧手翻：翻腾者在完成翻滚的过程中肩部触及地面，来推动其在空中短暂呈现出侧手翻的姿态。

双人侧手翻：这是一项需要选手协作的技法，即在同一时间内，选手的手、踝关节或者胳膊、大腿之间必须保持紧密连接。

连续前 / 后手翻：要求一名运动员能够连续完成多个前手翻或后手翻动作。

转体 180° 前手翻：从后手翻开始，翻腾者蹬腿后翻腾，接着完成一次转体 180° ，最后双手撑地，以一种类似于双脚依次落地的前手翻的方式结束整个动作。

快速小翻：这是一种双脚位于头部上方，身体以腰部为轴进行翻转的技巧，同时身体需保持背弓状态（既非团身，亦非直体姿势）的空翻或跟头。快速小翻的视觉效果类似一个未使用手支撑地面的后手翻。

软翻：这是一种非腾空的翻腾动作，包括运动员向前或向后的臀部高过头的翻转（通常双腿分开），单手或双手支撑。

前软翻：这是一种非腾空的翻腾动作，指的是运动员在向前翻转中弯曲腿部和身体，使其从倒立位置转变成非倒立位置，双脚依次落地。

双腿前软翻：这是一种非腾空的翻腾动作，运动员在向前翻转时，通过腿部力量将髋部抬至超过头部高度，身体呈拱形，从而实现从倒置姿势到非倒置姿势的转变，并在着陆时双脚同时着地。

后软翻：这是一种非腾空的翻转技巧，指的是运动员向后下腰呈拱形，手先着地，然后进行头点地旋转，并在一只脚先着地之后，完成整个动作。

腱子：这是一种翻腾者的技巧，即在快速侧翻动作中，一条腿向前迈出，手撑地，同时双腿向上摆动。紧接着，双腿一起迅速下压，并同时落地。

空翻 / 腾空：此动作要求选手在完成翻转时不得与任何人员或表演场地发生接触。

（以身体额状轴为轴进行的）空翻：这是一种空中技巧，不与地面进行接触，进行髋部高过头部的翻转。

空翻技巧动作：这是一类包含髋部高过头进行翻转的空中技巧动作，表演者需利用自身的身体素质，以及表演场地的辅助，使自己脱离地面。

支撑空翻：当一名选手与其他选手保持不间断的身体接触时，该选手可以完成一次髋部高过头的翻转。

连线式空翻：在此情况下，一名啦啦操队员可在与另外两名队员形成手腕或手臂之间的连接，完成后空翻的动作。

团身前空翻：此动作要求翻腾者产生足够的动力，向上完成一次前空翻。

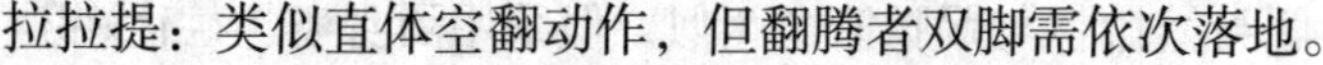

拉拉提：类似直体空翻动作，但翻腾者双脚需依次落地。

（二）跳跃类动作术语

跳步：这是一种腾空的体育动作，并不包含应用脚部及下肢肌肉力量脱离地面，实现髋关节高度高于头部且全身转动的翻滚环节。

屈体并腿跳：将身躯向前弯曲至与臀部等高的位置，同时确保双膝保持垂直站立的姿态。

转体 180° 接屈体分腿：这是一种非空翻类的技巧性动作，即队员在完成一次屈体分腿之前先进行一次转体 180° 的动作。

青蛙跳：这是一种尖子队员通过支撑杆从一个底座位置转移至另一位队员所在之处，或返回至动作初始阶段所处的底座位置。在此过程中，尖子队员需保持直立姿态，全程不得离开支撑杆。

第二等级青蛙跳：与上述基本动作相似，但可在地面以上任意高度进行展示。

二层青蛙跳：请参照“青蛙跳”的相关内容。

舒舒诺娃：这是一种屈体分腿跳之后再以俯卧撑姿势着地的技术动作。

（三）抛接类动作术语

篮抛：指通过手腕将尖子队员在空中抛掷到最远距离的技巧运动项目。空中队员不与底座队员有任何肢体接触。起初，篮抛过程未涉及尖子队员触地细节。篮抛环节主要分成四个步骤：抛掷、空中造型、降落及摇篮接。

直体篮抛：指抛掷时，队员整个身躯呈直线型控制，无踢腿动作。此方式可让尖子队员在抛掷过程中达到最大高度。

团身篮抛：与踢腿篮抛相似，但采用团身姿势替代踢腿。

踢腿篮抛：在直体抛掷后，队员需完成一个单腿踢腿的技巧动作，随后压腿使背部弯曲，最后回到摇篮接。

腿转体 720°：一种常见于篮抛中的技巧，包含一次踢腿及一个转体 720°。尖子在踢腿环节中转体 90°，通常被视为转体的起点。

踢腿转体 360°：同样是篮抛中的技巧，包含一次踢腿及一个转体 360°。尖子队员在踢腿环节中转体 90°，通常被视为转体的起点。

转体 360° 接屈体分腿：一种非空翻的技巧动作（常用于下法或抛接），在屈体分腿前需先完成一个转体 360°。

移动抛接：要求底座队员或接人者按照特定方向移动，以接住尖子队员（不含踢腿转体 360° 篮抛中的底座转体 90°）。

（以身体额状轴为轴）空翻抛接：尖子队员在抛接过程中呈倒立姿态旋转。

海绵抛接：多名底座队员共同完成，在抛接前需紧握尖子队员的双脚。

直升机抛接：一种特殊技艺，尖子队员在被底座队员接住前需保持水平状态，并沿身体垂直轴旋转（如同直升机桨叶）。

D 鸟：抛接成头部朝上的 X 造型，并返回至底座，穿过底座双腿并过渡为翻斗动作（翻斗动作在托举类动作术语中有详述）。

踹 X：在翻转过程中，手臂和腿部伸展开，形成“X”形状的空翻或跟头。

团身踹 X：从团身姿势转变为 X 姿势的动作，常出现于抛接环节。

（以身体垂直轴为轴）旋转抛接：所有类型的抛接，包括尖子队员稳定垂直站立。并旋转至少四分之一圈。

站立抛接：在单个或多个底座队员的篮抛中，底座需抓住尖子队员的单脚或双脚，直接向上推动，以提升其高度

混合抛接：无须站立位协助，底座队员仅需抓住尖子队员的手腕即可完成抛接。

（四）托举类动作术语

道具：可用的物品包括旗子、横幅、标语、彩带、麦克风及布条等。禁止擅自去除用于装饰性目的的制服。

二层：队员在翻跃过程中，由于底下有支柱撑持，跃起离地。

前点保护员：队员在特技表演前的准备动作能增加技巧的力度和高度。

空中定格：体操术语，指在翻转过程中利用手部和上肢力量使身体腾空，短暂停留于空中，此动作在各类技巧啦啦操比赛中均合法。

支撑：为尖子队员提供稳定的肢体接触。金字塔或金字塔过渡中，不得支撑尖子对眼的头发或衣物，因其并非合法的身体部位。

平躺：托举过程中，尖子队员常由多名底座队员支撑，平躺在地上。

俯卧：身体向下，保持水平状态。

倒立：身体呈倒立状，手臂沿头部和耳朵方向垂直伸展。

（以身体垂直轴为轴进行的）旋转：围绕身体垂直轴旋转。

一个转体：（以身体垂直轴为轴进行的）转体 360°。

直体姿势：身体伸展或略微弯曲。

团身位置：膝盖和臀部弯曲，向胸部收缩，腰部弯曲。

手（臂）连接：两名或两名以上运动员用手或手臂接触。

地面高度：由地面支撑所达到的高度。

反弹：以自由空翻的方式开始托举。

重启：尖子队员的双脚在底座队员的手中，回到初始位置。

恢复原始位：重新开始前，尖子队员先单脚着地，再进入托举。

延伸预备位或半预备位：尖子队员在底座队员的支撑下达到肩部高度。

预备位：底座队员的手部与尖子队员至少一只脚的高度，均在底座队员的肩部高度。

高臂位：底座队员的手完全向上伸展，支撑尖子队员。伸展的手臂不仅限于“高臂托举”。详见“高臂托举”。

高臂位的高度：当底座队员直立，手臂完全伸直时，从地面至底座队员的手臂最高点的距离。详见“高臂托举”。

站肩高度：尖子队员的臀部与同一高度（特殊情况：若主要底座队员下蹲、屈膝或降低托举和高臂的整体高度，则该技巧不被视为站肩高度，而是高臂位）。

手臂延伸高度往上 50 厘米：仅在 5 级的释放动作中，最大距离为底座队员手臂最高点至尖子队员身体最低点。

特技上法：包括以身体垂直轴为轴的旋转，以及尖子队员以 90° — 720° 旋转开始的动作。

有协助的空翻上法：尖子队员倒置后，与底座队员或其他尖子队员接触，翻过高过头顶的高度，锁定托举状态。

预备动作：指一系列托举或空翻的初始原则或准备工作。

托举：需多人在地面上共同支撑尖子队员，“单腿”或“双腿”

则视底座队员抓握尖子队员的腿的数量而定。

单底座托举：仅由一名底座队员提供支持。

双底座托举：由两名及以上底座队员支撑，但不含保护员。

高位托举：底座队员将尖子队员支撑至自身上方，使尖子队员保持垂直站立。

双腿托举：底座队员承受尖子队员的双脚的重量，尖子队员的双脚置于底座队员的手中，高于预备位。

单底座托双尖子并脚站托举：一名底座队员支撑两名尖子队员，两人的双脚分别在底座队员的手中。

单底座托单人并脚站托举：单底座队员托举双尖子队员并脚站。

单底座抓举劈腿姿态的尖子：底座队员抓举尖子队员大腿内侧，支撑尖子队员(身体垂直，膝盖向前)，尖子队员做出上V动作，形成X形。此动作不符合托举规范。

纸娃娃：在单腿托举中，相同的单腿托举相互支撑，可为高臂位或非高臂位。

交替踩踏：托举动作中，尖子队员以单腿姿势被底座队员举起至静止位置，底座队员下沉并释放尖子队员，尖子队员转移重心至另一只脚，并以反方向落地。底座队员下沉可能越过预备位。

悬挂翻转：托举时，一人与地面接触并直接承受尖子队员的重量，尖子队员与之持续接触并翻转。

下落：底座队员与尖子队员构成支架，直至尖子队员无须外力脱离底座队员支撑的金字塔或托举。

（托举中）向前翻转 3/4 周：从垂直姿势到摇篮姿势的高过头的前向翻转。

（翻腾中）向前翻转 3/4 周：手和脚先着地，从垂直姿势到摇篮姿势的高过头的向前翻转。

托举过渡：尖子队员从一个托举转变为另一个托举，改变了最初的托举结构。

高臂托举：底座队员伸直手臂将尖子队员整体托至垂直于其头部的托举动作。

下法：从托举或金字塔降至篮筐或地面的动作。篮筐降至地面的动作不属于下法范畴。

摇篮：结束动作，接住尖子队员，手掌朝上，一只手臂置于其背部下方，另一只手臂置于其大腿下方。尖子队员须面朝上屈体下落。

滚筒：释放移动，尖子队员身体至少旋转 360°，并始终与地面平行。有协助的滚筒同理，受额外底座支撑，移动过程中保持身体接触。

垂直下落成摇篮接：从托举姿势释放至接住位置的过程中，无任何技术性动作。

钟摆式：尖子队员垂直下降（一般降至体侧水平处），由底座队员接住。

释放移动：当底座队员和尖子队员脱离接触，尖子队员返回原底座。此描述仅针对托举场景，不适用于金字塔模式。

倒置：队员处于肩膀低于腰部且至少一脚置于头部上方的状态。

非倒置姿态：尖子队员身体挺直，肩膀与腰部齐平，或高于腰部。

倒置动作：请参阅“倒置”，即倒置的动作。

下落动作：队员重心向下移动的过程。

倒置下落：托举和金字塔中，倒置的尖子队员重心向下移动。

掉落：从高空或倒置位置，以膝、大腿、臀、胸、背或劈叉等姿势落地，若非手或脚先承重，将影响落地效果。

膝盖（身体）掉落：从高空或倒置位置，不可以膝、大腿、臀、胸、背或劈叉等姿势落地，须手或脚先承重。

翻斗：一种进入托举的方式/过渡，其中一名队员（常为尖子）从另一名队员（常为底座）下方或双腿之间穿过。

亮相与过渡：通过高臂位高度，再落回起始位置或非高臂位托举的过渡。

墙面动作过渡：过渡环节包含主要尖子队员在另一尖子队员的腿部支撑下于半空移动（从前至后、从后至前或从侧至侧）。支撑尖子腿部延伸至体外，初始阶段与第三尖子相连。

（五）金字塔类动作术语

金字塔：相互支持的群体运动形式。队员以团队方式站立于地面。

金字塔转换：顶尖队员由一个支撑动作切换至另一个支撑动作。此过程可能涉及底层的替换，但需保证至少有一名队员与顶尖队员保持接触。

两人高金字塔：所有顶尖队员需先承受底部支撑，底部直接接触表演场地并承担负荷。无论顶尖队员在“金字塔释放移动”中的高度如何，均视其在“两人高”的高度完成。“两人高”并非指队员实际身高，仅代表其所在层次。

两人半高金字塔（仅限于6级）：金字塔高度不得超过两人

半身长。“两人半高”的测量标准如下：椅式、大腿站式、坐肩托举为一人半高，站肩托举为两人高，高臂位托举为两人半高。

悬吊金字塔：一个或多个队员在一个或多个顶尖队员的支撑下悬空于地面。因顶尖队员的重量由次层队员承担，故“悬吊金字塔”被视为两人半高金字塔。该动作在1—5级比赛中不合规。

第二节　舞蹈啦啦操术语

舞蹈啦啦操术语主要是针对在舞蹈啦啦操项目中出现的动作和相关名词的说明与解释。

一、舞蹈啦啦操相关术语

（一）舞蹈啦啦操相关概念术语

组别：参赛选手的组成情况展示。

类别：涉及表演选段或赛事常态演出的各种风格（例如爵士、花球或街舞等）。

团体舞蹈：街舞中的一种形式，由单个或多个舞者共同演绎同种舞风。

小丑舞：融合了小丑文化与嘻哈元素的街舞风格，常以斗舞形式呈现。其特色在于手臂、头部、腿部、胸部及双脚的自由、富有表现力且夸张的活力摆动。

道具：可操控的物品，手套亦属服装范畴。

混合：含一位或多位男性选手的组别。

技巧：强调个性化风格的街舞表演形式，包括武术和技巧为核心的动作和舞蹈。此类风格的舞者被称作 B-Boy 或 B-Girl（“Breakin Boy/Girl”的简称，另一说法为“Beat Boy/Girl”，指非常热衷于嘻哈文化的爱好者）。

支撑腿：在技巧表演中承受队员体重的腿部。

动力腿：在技巧完成过程中负责动作执行或定位的腿部。

腾空技巧动作（个人完成）：无须触地的舞蹈技巧。

舞步：街舞中的一种风格，舞者通过舞步语言和拍掌混合创造复杂的节奏和声响。

（二）舞蹈啦啦操相关动作术语

腾空：指舞蹈运动员无接触的飞行状态。

定格：以无空中旋转的翻腾动作为主要特征，常出现于街舞演出中，表演者暂时静止。常采用单手或双手撑地的跷跷板式呈现，充满趣味及平衡感。

俯卧：脸部向下，全身以卧姿呈现。

仰卧：脸部向上，呈现水平躺在地上或者半空中的姿态。无论身处何方，背部均朝向地面，而面部则始终倾向上方。

前弯腿姿势：队员在跳跃时表现出的前屈膝姿态。

转体动作：一项技巧，队员一脚置于另一脚前方，弯曲并抬起一腿，使身体完整旋转一圈。此动作可依不同姿势进行。

跳跃与旋转前后的弯腿预备姿势：队员在跳跃和旋转前后所采取的弯腿预备姿势，即下蹲。

（三）跳跃类动作术语

跳步：即腾空状态，不包含运用脚部及下肢力量离地而实现髋高于头的翻转。

C 跳：为舞蹈中的一种跳跃方式，表现为舞蹈者向后弯腰成弓形，膝盖弯曲，同时将双脚向身体后方伸展。

屈体分腿跳：双腿伸直，通过胯部转动，使身体向胸部折叠的跳跃动作。

转体 180° 接屈体分腿：此为非空技巧动作，队员需在屈体分腿前完成一次转体 180° 的动作。

转体 360° 接屈体分腿：同样为非空技巧动作，队员需在屈体分腿前完成一次转体 360° 的动作。

反身吸腿跳：在旋转过程中，动力腿在空中划出圆形轨迹，另一条腿则向上抬起，使舞蹈者得以在空中完成旋转，并以原来的支撑腿着地。

反身跨栏跳：即反身跳跃，动力腿在空中划出圆形轨迹，另一条腿则向上抬起，使舞蹈者得以在空中完成旋转，并以支撑腿着地。

飞鼠：一种跳跃动作，舞蹈者手臂向前伸展，双腿向后伸展，在空中形成“X”形。

舒舒诺娃：一种变式跳跃，先进行屈体分 / 并腿跳，随后以俯卧撑姿势落地。

交换腿跳：在跳跃过程中，舞蹈者通过摆动动力腿来改变跳跃姿势或方向。

踢尔特：身体倾斜的侧踢腿，不论腿部高度如何，常用于跳跃技巧中，动力腿朝空中猛踢，支撑腿则着地。

交换腿跳：在跳跃过程中，舞蹈者通过摆动动力腿来改变跳跃姿势或方向。

交身跳：舞蹈者单脚起跳，在空中旋转半圈后以同一只脚着地的跳跃技巧。

库佩式步伐：特指一脚抬至踝关节上方的动作。

蒂娃乐佩练习：动力腿从库佩式渐变至巴塞式操作（过渡性步骤）。

弗洛耶特转：一种旋转性步法，常用于多个动作组合之中。队员的动力腿在空中划出圆弧，每一次旋转过程中都需弯曲并抬起，形成巴塞式姿态，犹如挥动鞭子。弗洛耶特转亦可在侧向或第二位置完成。

阿拉C杠：同属旋转性步法，常用于多个动作组合之中。单腿在空中划出一个完整的圆，每次旋转时均需弯曲并向上提升，与支撑腿形成90° 角且保持与地面平行。

巴塞式姿态：即提起腿弯曲，并与脚或支撑腿的膝盖附近接触，意为传递。巴塞式姿态既可在与髋部平行时执行，亦可进行旋转。

头部旋转：常见于街舞表演中的技巧，即舞者通过头部进行翻转，双手控制速度，双腿可随意摆动。

旋转：即围绕身体垂直轴进行旋转。

转体动作：舞者将一脚放在另一脚前方弯曲并抬起，直至一腿能带动身体完成一整圈旋转。转体动作可采用多种姿势进行。

360° 转体：以身体垂直轴为中心，完成360° 旋转。

支撑腿：在技巧表演中承担舞者体重的腿。

（四）平衡与柔韧类动作术语

连续技巧动作：指选手不间断地完成技巧动作或环环相扣的连贯组合。

掉落：舞者在空中无须手脚支撑，完全凭借其余部分着陆。

弯曲预备姿势：为跳跃和旋转做准备的下蹲姿势。

手倒立：在垂直状态下手臂垂直上伸，非腾空、非旋转的翻滚动作。

头倒立：舞者呈垂直倒置，头部承担体重，双手撑地，保持平衡。

倒置：舞者腰部、臀部及双脚高于头部和肩部的姿态。

提踵：舞者抬起脚跟向上提升的技巧。

（五）舞蹈托举类动作术语

舞蹈托举：即一人或多人将另一舞者抬离地面再放下的技艺。该技术需由参与抬起和被抬之人协同完成，严格遵循 USASF（美国全明星联盟）/IASF（国际全明星联盟）安全性标准。

舞伴配合动作：指两位舞者借助彼此的支持共同完成的技巧。其中包含支撑和执行两个环节。

升降动作：指一位舞者被抬升至较高或较低位置的动作。

支撑运动员：在舞蹈托举过程中，承担主要负荷的舞者。他们在托举和配合中负责抬起或抛掷，并维持与被抬者的接触。同时，他们亦被视为托举运动员。请参照 USASF（美国全明星联盟）/IASF（国际全明星联盟）相关规定及安全性指导。

被举起的运动员：在舞蹈托举动作中，从地面被抬升的舞者。请参照 USASF（美国全明星联盟）/IASF（国际全明星联盟）相关规定及安全性指导。

执行配合动作的舞蹈运动员：在配合过程中，借助他人的支持完成舞蹈技巧的舞者。请参照 USASF（美国全明星联盟）/IASF（国际全明星联盟）相关规定及安全性指导。

负责托举的舞蹈运动员：在舞蹈托举过程中，负责抬起的舞者。请参照 USASF（美国全明星联盟）/IASF（国际全明星联盟）相关规定及安全性指导。

起支撑作用的舞蹈运动员：在舞蹈托举过程中，起到支撑作用的舞者，同样可以被视为托举运动员。请参照 USASF（美国全明星联盟）/IASF（国际全明星联盟）相关规定及安全性指导。

髋位：指运动员双腿垂直站立时髋部所在的高度。

肩位：指运动员双腿垂直站立时，肩膀所在的高度（注：此为大致高度，背弓和倒置时不变）。

膝抛：在抛接过程中，表演者将双足置于支撑者手中，并被向上推起。

抛接：一种释放运动，支撑者通过抛出动作，提高执行者的高度。开始时，执行者并不接触地面。

髋部高过头的翻转：在托举或配合过程中，舞者进行髋部高过头的翻转动作。

髋部高过头的翻转：在翻腾动作中，舞者进行髋部高过头的翻转动作（例如后软翻或侧手翻）。

髋部高过头的空翻转动作：舞者进行髋部高过头的翻转动作，不接触地面（例如踺子或后手翻）。

舞伴配合动作：两位舞者借助彼此的支持共同完成的技巧。舞伴配合动作包含支撑和执行两个环节。请参照 USASF（美国全明星联盟）/IASF（国际全明星联盟）相关规定及安全性指导。

释放运动：表演者脱离支撑者，不接触地面的动作。

垂直倒立：执行者呈倒置状态，直接承受主要支撑力的姿态。

（六）翻腾类动作术语

翻腾：即全面的杂技及体操技艺的汇聚，运动员在表现过程中无须他人扶持，且始终安然着陆，以此彰显自我控制力以及精准度。

侧手翻：这是非腾空类翻腾动作中的一种，舞蹈演员在倒置状态下以手臂支撑体重，双足依次触地。

侧空翻：与侧手翻相似，但需在空中完成，双手未触地。

前软翻：同样是非腾空翻腾动作，在向前翻转过程中，通过弯曲腿部和身体，使其从倒立姿态转变为非倒立姿态，双足依次触地。

后软翻：身体弯曲，向后下腰，手撑地，随后进行臀部高过头顶的翻转动作，躯干带动全身形成垂直竖立的姿势，双足依次触地。

鱼跃滚翻：腾空翻腾动作之一，在双手双脚均未触地的情况下完成前翻动作，仅允许屈体姿势。

鲤鱼打挺：腾空非旋转翻腾动作，常见于街舞表演中。通过弯曲膝盖，将大腿推近胸部，肩膀微向后，借助弹腿力量起身，双足同时触地。

前 / 后头手翻：腾空翻腾动作，常用于街舞表演。可选择向前或向后翻转，初始站姿或蹲下，双手置于地面上，头部位于双手之间，随后双腿发力，类似鲤鱼打挺，双足同时触地。

前 / 后单肩滚翻：非腾空翻腾动作，舞蹈演员利用单肩与地面接触，完成后翻滚动作，头部向侧倾斜，避免与地面直接接触。

大风车：非腾空非旋转翻腾动作，从背部开始，自上背部至胸部旋转，同时腿部呈 V 字形环绕身体。腿部提供主要动力，使身体从一个姿势转向另一个姿势，最终胸部触地。

第三章　高校啦啦操教学的价值

第一节　促进大学生身体健康的价值

一、身体形态改善价值

现代啦啦操作为一种有效的健身和塑形运动方式，能够全面锻炼身体各个肌肉群，对促进身体健康和塑造优美身形具有显著效果。其改善身体形态的价值主要表现在以下几个方面：

（一）降低身体体脂率，塑造良好形体

作为一项高效的有氧锻炼方式，啦啦操在调节人的身体成分、维持正常体脂率和塑造理想身材方面有显著作用。具体而言，啦啦操运动有助于降低体脂率，关键在于其规律性运动能够促使肌肉附着的脂肪被有效燃烧，从而维持正常的体脂率。此外，它还能使肌肉线条更加清晰，进一步提升身材塑造效果。

体脂率是指人体内脂肪重量占体重的百分比，在体育健身及训练领域中常被用来评估身体健康状况。成年男性的体脂率范围通常为15% — 18%，而成年女性为25% — 28%。啦啦操作为一种有氧运动，通过提高人体脂肪蛋白酶（LPL）的活性，促进脂肪的分解和利用，同时刺激肌肉生长，从而实现增强健身效果和保持优美身材的目标。

众多运动健身案例表明，长期坚持参与啦啦操运动的男性和女性均能取得理想的健身效果，尤其在上臂、背部和腹部区域，改善效果更为显著。

然而，对于脂肪，很多人仍存在误解，甚至误认为它是健康隐患。事实上，脂肪是人体不可或缺的组成部分，具有保护、保温和提供能量等多种功能。人体需要适量的脂肪来维持正常生理功能，过低或过高的体脂率都会对健康产生负面影响。通过参与啦啦操运动，人们可以保持适当的体脂率，实现身体健康和外貌美观的平衡。

（二）促进骨骼的增长，使身体更挺拔

作为人体运动系统的关键组成部分，骨骼不仅提供支撑，还具有参与造血和保护器官等多重功能。骨骼密度高且坚硬，但也具有一定的弹性特性。骨骼底下的坚硬骨密质，在厚度增加的情况下，其抗压和抗扭曲能力也相应增强。

经常进行啦啦操锻炼的个体将得到充分的骨骼锻炼机会，从而提升骨骼健康水平并促进骨骼生长，使姿态更加挺拔。以下是对啦啦操运动带来的骨骼具体变化情况的分析：

1. 啦啦操运动包含多种跳跃、转向等动作，有助于促进人体血液循环，加速新陈代谢，从而引发骨骼结构和功能的适应性变化，具体表现在啦啦操运动可增加骨密质厚度，加强骨小梁排列，使其更为坚固。同时，运动中对肌肉、韧带和关节的锻炼，使其更紧密地附着于骨骼上，显著增强了骨骼的承受压力能力。

2. 啦啦操运动对肌肉和骨骼施加牵拉力，引发微妙的骨骼适应性变化。具体而言，啦啦操健身锻炼可促进肌肉力量增长，肌肉收缩对骨骼的应力刺激有助于提高成骨细胞活力，从而维持骨骼健康状态，有效预防骨质疏松，降低骨折风险。

3. 长期参与啦啦操运动可使骨密度增加，从而提高骨质量。对于青少年，此项运动还有助于骨骼长度的增加。通过啦啦操运动的锻炼，青少年的身高增长也将得到一定程度的促进。

综上所述，啦啦操运动有助于促进个体骨骼的健康发育和结实生长，有助于塑造挺拔、修长的体态。

（三）塑造良好的体态，使身形更完美

啦啦操在改善人体姿态方面具有显著的优势，成为一种有效的身体塑造活动。其价值体现在以下几个方面：

青少年参与啦啦操可促进身心健康发展，有助于纠正不良姿势。通过参与啦啦操，青少年可以培养正确的身体姿势和良好的体态习惯，促进身体的健康发育和全面发展。

年轻人参与啦啦操可以塑造健美身材，保持充沛的活力。啦啦操运动能够全面锻炼身体各个肌肉群，塑造优美的身体线条和紧致的肌肉，使年轻人保持健康、自信和活力。

中老年人参与啦啦操有助于维持正常的体态，抵抗外貌老化，提高生活质量。通过啦啦操运动，中老年人可以增强身体的柔韧

性和力量，改善平衡能力，减轻关节疼痛和僵硬感，从而延缓身体衰老的过程，提升生活的舒适度和幸福感。

二、身体机能提高价值

随着现代化进程的推进，人们逐渐意识到健康对生活的重要性，对健康的理解日益深入。现代人所追求的健康不仅包括基础生理健康，还涵盖心理和社交健康。健康美已经成为现代人的追求目标，但要实现健康美并非易事，需要满足许多条件，如良好的自我感知能力、充沛的精力和有效应对困境的能力等。

在这种背景下，啦啦操运动具有显著的健身价值，能够提升人体的机能。与其他运动相比，啦啦操对身体的全面和深入锻炼，涉及音乐和韵律感训练。在这一过程中，人体的各个关节和肌肉需要协调运动，以满足运动需求。具体而言，啦啦操训练对健身者身体机能的提升主要体现在以下几个方面：

（一）提高运动系统机能

人体的运动系统包括骨骼、肌肉和关节，它们协作，实现空间移动。通过参与啦啦操活动，可以有效提升该系统的功能。

1. 有益于骨骼健康发展

啦啦操训练有助于促进骨细胞再生和增加骨质密度，从而增强骨骼的稳固性。此外，它对儿童的身高增长也起到了积极的间接推动作用。

2. 增进肌肉力量，提升工作效能

长期参与啦啦操训练可以提高肌肉的力量和韧度。在实践中，

肌肉中微小血管的数量增加，为肌肉供应更多的血液，进而提高肌肉的工作效率。

3. 强化关节及其周边组织，提升关节灵活性

啦啦操训练有助于加强关节周围的韧带和肌腱，使关节更加稳定。同时，全身各部位参与锻炼，有利于保持并进一步增强肌肉和关节的灵活性。

（二）提高呼吸系统机能

人体呼吸系统由肺和呼吸道组成，通过呼吸道将空气吸入肺部，在肺部进行气体交换。一般来说，普通女性的肺活量约为2500 毫升，而男性稍高，约为 3500 毫升。然而，经常参与运动锻炼的个体，肺活量会有所增加，女性可达到 3500 毫升，男性则可超过 4000 毫升。体育锻炼对呼吸系统功能的改善具有显著作用。

在安静状态下，一般人每分钟的呼吸频率为 12 — 18 次，肺通气量为 4—7 升。而参与啦啦操运动锻炼后，呼吸频率会减缓，肺通气量则增加。运动实践表明，通过参与啦啦操这种有氧健身运动，可以有效提高呼吸系统的机能。

啦啦操运动锻炼能够有效改善人体的呼吸系统功能，并在一定程度上促进呼吸系统结构的改善。啦啦操运动有助于维持肺组织的弹性，同时扩大胸廓，增加呼吸的深度，提高肺活量。

实践表明，在进行定量的啦啦操运动的过程中，运动者的呼吸功能会表现出节省化的特征，从而延长了呼吸系统的工作时间，提高了工作效率。呼吸系统具有一定的储备能力，以适应更高强度的运动。通过进行有氧健身操练习，能够刺激内脏器官的运动，

增加氧气摄入量，提高呼吸效率，进而增强呼吸系统的功能。

（三）提高神经系统机能

神经系统作为人体的核心调节机制，其结构主要由脑、脊髓和它们所发出的神经组成。根据其功能属性，我们通常将神经系统分为中枢神经系统（包括脑和脊髓）与周围神经系统两大类别。中枢神经系统通过感受器收集内外环境信息，经过整合后，通过周围神经传递至各个器官系统，以实现人体各项生理活动的精确调控。

值得注意的是，高等生物的所有运动都受到大脑皮质的调控。大脑皮质的运动区域能够接收来自关节、肌腱和骨骼肌深处的信号，从而感知身体在三维空间中的姿态、位置及运动状态，进而根据这些信息生成运动指令，以掌控和调整整个机体的运动行为。

在啦啦操训练中，运动员的中枢神经系统发挥着主导和调节的关键作用。例如，在家中进行啦啦操训练时，通常会配合音乐进行练习，需根据音乐节奏迅速切换动作类型，这无疑有助于提升中枢神经系统的平衡性和灵活性。

（四）提高心血管系统机能

心脏作为人体的主要动力器官，其基本生理功能是推动血液在血管系统中的流动，而血管则构成了血液循环的通道网络。这两者的协同作用形成了人体的心血管系统。根据相关研究数据显示，正常成年人每次心脏收缩所排出的血液量为 70—90 毫升，通过适度的体能训练，可提升至 100—120 毫升。在静息状态下，一般人的心率大约为每分钟 70—80 次，而心脏的容积约为 785 毫升。然而，定期参与体育活动的个体，其心率可以下降至每分钟 70 次以下，同时心脏的容积也可以增加至约 1000 毫升。在高强度运动期间，经常锻炼的个体每分钟的最高心率甚至可以达到 200 次以上，以满足身体对血液和氧气的需求。相比之下，普通人的最高心率通常约为 180 次。

参与啦啦操运动可有效提高心血管系统机能，具体而言，主要作用表现在以下几个方面：

参与啦啦操锻炼有助于增加心脏每次搏动排出的血流量，进而促进心肌血液循环和新陈代谢速率的提升。

啦啦操锻炼参与者的心肌内蛋白质与糖原储量增加，进而增强心脏的收缩力，增大容积，有助于提高每搏输出量。

啦啦操运动不仅能够调整血管分布，还会对血管壁结构产生一定影响。长期坚持啦啦操锻炼有助于预防心血管疾病，维护心血管系统的健康状态。

啦啦操运动强度适中，以有氧运动为主，可避免心脏过度负荷。此外，定期进行啦啦操锻炼有助于增加动脉管壁中膜厚度，增加弹性纤维数量，进而强化血管输送血液的能力。

长期坚持啦啦操锻炼能够显著提高肺泡通气量，增加血液氧含量，进而提升心肺功能。对于非专业啦啦操健身者，其有氧代谢量比例通常超过 90%，因此，定期参与啦啦操运动有助于提高肺泡通气量，改善心血管系统功能，增强机体血氧利用率。

（五）提升消化系统机能

人体消化系统由消化道和消化腺组成，其中消化道包括口腔、咽、食道、胃和肠道等结构，而消化腺包括唾液腺、胃腺、胰腺和肠腺等。啦啦操运动对消化系统功能的改善主要体现在增强消化吸收能力和降低消化道疾病风险两方面。

首先，啦啦操中的髋部动作如顶髋、提髋、绕髋等，以及腰腹部动作如屈、转、绕环等，直接刺激消化器官，促进消化，促进营养物质的吸收。

其次，适度进行啦啦操锻炼有助于增进运动者的食欲，使其保持良好心态，同时有效预防疾病，特别是消化道疾病和便秘等问题。

第二节　完善大学生心理品质的价值

一、啦啦操促进运动者丰富情感、完善体验

诸多实践经验已证实，参与啦啦操活动有利于大学生们获得无比丰富且具有深度的情感体验，从而进一步推动他们在身心健康方面的进步与发展。对于啦啦操如何能有效地提升参与者的情感层次，丰富其个人体验，我们将进行更为详尽的剖析与探讨。

（一）体验运动快感

大学生在参与啦啦操活动时，往往能够深刻体验到运动所带来的愉悦和情感满足，这种情感体验在实践中被广泛验证。啦啦操作为一项体育活动，融合了音乐、舞蹈，这些元素为参与者提供了一种独特的情感体验，激发了他们投入运动的积极性。

啦啦操活动的运动状态往往能够使个体感受到身体的极致快感，这种快感在情感体验中具有特殊意义且难以复制。因此，大学生通常会更加主动地投入到啦啦操运动中去。此外，啦啦操活

动对身体健康程度的提升，也是吸引大学生参与的重要因素之一。在高等教育领域，啦啦操已经成为广受学生喜爱的体育项目之一，参与人数庞大，不论男生女生都对此兴趣强烈。

参与啦啦操活动的大学生往往能够在运动过程中感受到轻松愉快的氛围和青春活力。运动带来的兴奋和快乐，配合音乐的节奏，进一步提升了身心的愉悦程度。在这种环境中，学生们得以释放压力，暂时抛开学业负担，消除精神疲劳，全身心投入到啦啦操运动中。

（二）体验成功和成就感

啦啦操作为一项具有强烈艺术特性的体育运动，融合了诸如华尔兹、芭蕾舞等多元元素，展现了参与者优美的肢体动作和健美的体态。在特定场合下安排啦啦操表演环节，旨在营造浓厚的艺术氛围。

参与啦啦操运动的学生，无论是个人训练与展示，还是团队集体表演，都需要在日常课程学习和课后自主练习中付出艰苦努力。特别是团队项目，需要建立高度默契和紧密合作关系。这些宝贵的经验将使大学生们成功完成一整套啦啦操动作，并获得观众的赞誉，从而体验到成就感。这样的体验将激发个体的内在动力，培养其自信心，并影响到他们日常生活中的各项事务。

啦啦操运动之所以在众多高校中受欢迎，关键在于其提供的这种经历和成就感，激励着学生们积极参与和推崇。

（三）体验交流沟通的愉悦感

目前，高校体育教育中的啦啦操课程通常以群体形式进行，需要个成员协同完成多种动作，强调了该活动的集体属性。因此，大学生参与这类体育活动时，有效的人际沟通显得尤为重要，这是顺利投入并坚持啦啦操运动的基本支撑条件之一。流畅的沟通渠道不仅能增强大学生的人际交往愉悦感，还能带来其他积极的情感体验。

随着现代社会的发展，个人独立完成任务的模式逐渐被团队协作取代，这就对沟通技巧和协作能力提出了更高的要求。在各个领域，人与人之间的沟通交流都不可避免。当今时代，沟通不仅仅是信息传递，更是情感交流，促进形成各种关系。

良好的沟通能力有助于人们在社交场合中受欢迎，获取更多有价值的信息资源，提高处理事务的效率。参与啦啦操运动可以帮助大学生培养良好的沟通能力，尤其在需要多人协作的舞蹈项目中，这种作用更为显著。大学生处于身心发展的关键时期，虽然生理发育已接近成熟，但心理素质、个性特征、价值观念和社会认知等方面仍有提升空间。因此，与他人的交流与协作对于他们的全面成长至关重要。

二、啦啦操促进运动者减轻焦虑、保持健康心态

现代社会，竞争日益激烈，生活压力较大，高校学生们已经感受到来自未来的压力，因此，他们积极采取措施来面对。然而，对于心理承受能力相对较弱的学生而言，他们可能会陷入焦虑、恐惧、紧张和迷茫等消极情绪中。实践经验表明，定期参与啦啦操运动可以有效地缓解学生的不良情绪。

在啦啦操的过程中，学生们随着动感音乐的节奏做出富有韵律感的动作。不同类型的音乐会引发不同的动作风格，而丰富多

样的动作形式构建了一个充满活力与激情的运动环境。这种独特的氛围能够有效地让人身心得到充分的放松。啦啦操有助于使参与者缓解焦虑情绪，保持健康心态。

（一）愉悦心情

随着健康理念的不断更新与深化，心理健康和良好情绪已被纳入其范畴之内，成为衡量生活质量的重要指标之一。在现代化进程加速的背景下，人类社会的生产模式发生了翻天覆地的变化，工作疲劳的重心从身体向精神层面迁移。这种由工作性质引发的疲劳转移，可能带来诸多潜在风险，对心理健康构成挑战。

物质生活水平显著提高，但与此同时，人们的心理压力也在增加。焦虑、不安等负面情绪常常出现，导致内心无法获得安定与满足。长此以往，这些心理压力和负面情绪可能引发各种心理疾病，甚至影响身体健康。因此，维护心理健康、保持愉悦心态至关重要。

啦啦操作为一种集优美动作、动听音乐、志趣相投的同伴和轻松愉快的运动环境于一体的活动，对缓解不良情绪和心理压力具有显著帮助。参与者在运动中体验快乐，暂时抛开烦恼，获得心灵宁静。

（二）疏导不良情绪

情感是个体对外界事物的态度和行为反应的产物。情绪通常是短暂且特定的，是对外界环境的反应之一，与个体需求的满足密切相关。

人类情绪大致可分为积极和消极两类。当个体需求得到满足时，往往产生积极情绪体验，如愉悦、快乐、放松等；相反，当需求无法满足时，常产生消极情绪，如愤怒、悲痛、焦虑、不安等。因此，在啦啦操运动中，如果运动者能够获得预期收益，他们将对参与活动感到满意，并更加热衷于投入其中，同时也会有出色的表现。

日常生活中，许多因素可能影响个体情绪，包括环境、生理和认知因素。其中，认知因素对情绪的影响最为显著。

某些环境元素可以影响运动者的情绪，从而改变他们对运动的态度。

生理因素主要是指运动过程中个体受环境或自身因素影响而产生的生理变化，对情绪产生影响。

认知因素指个体对外界信息的感知和评价。个体的情境会导致认知评价发生变化，这种评价是大脑皮层的产物。例如，观察老虎时，在不同情境下产生的认知评价会导致不同的情绪反应。

在心理学领域，存在着一个被广泛接受的理论，即“吸引力法则”。该理论指出，个体积极乐观的态度往往会吸引到更多积极信息，而消极悲观的状态则更可能吸引到负面信息。这种积极与消极之间的相互作用，如同一种恶性或良性循环，不断影响着我们的情绪。因此，为了有效地排解不良情绪，我们必须摒除消极的思维模式，培养积极向上的心态。然而，在竞争激烈的现代社会中，维持积极心态并非易事，人们更容易积累负面情绪，进而更倾向于接收负面信息。这样的人群参加体育运动，如啦啦操等，有助于排解各类不良情绪。

此外，一些学者通过深入研究发现，啦啦操运动的高实践性使参与者的神经系统得到短暂的休息。换言之，啦啦操通过分散参与者的注意力，促进其精神和心理的适度放松，带来舒适愉悦的感受。

啦啦操运动具备的特性使其成为一种有效改善不良情绪的方法。它对场地设施要求较低，运动强度适中，易于推广普及，因此更受人们欢迎。此外，啦啦操是一项需要团队合作的集体项目，参与者在活动中进行充分的沟通交流，有助于加深彼此之间的理解，对于疏导不良情绪和缓解心理压力具有重要作用。

三、现代啦啦操对运动者意志品质和智力的提升

（一）培养良好的意志品质

意志品质指的是个体展现出的果断性、坚韧性、自制力、勇敢顽强及主动、独立等精神特质的综合体。对于参与啦啦操等体育活动的运动员而言，他们经常面临各种挑战和困境，如动作达不到高水平标准、身体能量消耗巨大等。这就要求运动员在心理上积极接受并克服挑战，正是这个过程塑造了啦啦操运动员的顽强意志。若能长期保持对啦啦操的热爱，运动员将频繁体验到运动带来的愉悦感，这些积极情绪体验将与个体的积极心态紧密相连，逐步构建起健康且稳固的心理状态。

啦啦操作为一种具有明确目标导向性的体育项目，运动员在训练过程中经常需要克服各种困难。当人们在日常生活中反复经历类似情境时，意志会在不知不觉间得到磨炼。

（二）提高人的智力水平

智力研究领域广泛探讨了人类思维、创造和行动过程中的复杂平衡关系，旨在深入理解个体的认知能力。在此基础上，一些

学者将智力理解为智慧活动的能力，强调个体对事物的全面认知能力，其中思维能力作为核心要素，对智力水平产生决定性影响。

在评估个体智力水平时，常用的方法是智商评定法，通常将智商分为超常、正常和低常三个等级。智力的形成受到一般因素和特殊因素的双重影响。一般因素主要是指个体在各种情境中普遍展现出的思维和适应能力，而特殊因素则限于某些特定场景或环境中表现出相同性质的思维和适应能力。

对于频繁参与啦啦操运动的健身者而言，他们的脑部神经元发育将得到持续的推动，使得大脑能够更敏感地传递各类刺激信号，进而提升身体协调性和灵活度。同时，该项运动还有助于培养感知能力、思维能力、专注力和记忆力，最终显著提升健身者的整体智力水平。

第三节　提高大学生社会适应能力的价值

一、现代啦啦操对个体社会能力提升的价值分析

现代社会竞争激烈，对个人的体力及精神造成严峻考验。因此，提升综合素养，以适应此种生活方式，至关重要。啦啦操对增强大学生社会适应力具有不容忽视的价值，以下将对此展开深入剖析。

（一）提升运动者的创新意识与领导能力

啦啦操运动在培养运动员的创新意识方面受到多个环节的影响，其中创编是重要的一环。当前的啦啦操技术涵盖了多个领域，

运用各种手法混合创编，能够产生多样化效果。创编并非仅限于专业人士，许多爱好者也热衷于参与创作，积极探索独特的动作，这种参与过程促进了创新观念的形成。在现代社会中，创新能力是推动进步的重要因素，啦啦操运动培养了参与者的思维能力、创新意识和开拓精神，有助于各年龄段人群不断提升自我，持续创新。

啦啦操表演通常以团队形式呈现，因此需要严谨的组织和高度的协作。每个团队成员都应具备精湛的技艺，同时需要良好的团队适应性和协同合作能力。这些能力并非天生具备，而是需要通过团队实践逐步培养。此外，团队中必然存在领导者，扮演领导角色的队员能够锻炼自身的勇气、组织能力和沟通技巧，从而提高个人领导力。

（二）提升运动者的合作意识与竞争能力

啦啦操作为一种团体活动，在培养参与者的团队协作和竞争能力方面具有显著作用。现代生产活动已经强调团队力量的重要性，个人单打独斗的时代已经过去。在团队中，分工与协作是不可或缺的，人数增加意味着思维多样性，但也可能导致冲突。然而，合作是为了共同目标而协调行动的基本形式。合作和竞争都是人类相互影响的基本形式，而合作已成为社会生活中普遍存在的现象，推动社会进步的重要动力之一。

竞争是为了达成共同目标而相互超越的行为，已成为社会生活中不可或缺的一部分。啦啦操这种竞技运动激发了参与者的竞争意识，虽然竞争程度不如其他竞技运动，但足以让参与者体验到竞争的存在。

在啦啦操比赛中，实力是衡量竞争力的关键因素。为了取得好成绩，选手需要在日常训练中付出努力，并在比赛中展现出技艺。比赛过程中接受各方监督有助于培养选手的公平竞争精神。即使失败，也要以积极态度面对，并从中吸取教训，为未来的训练做准备。这样的过程不仅培养了选手的竞争意识，也锻炼了他们应对竞争结果的能力。

综上所述，啦啦操运动中的合作精神和竞争意识对参与者都至关重要。考虑到该运动通常以集体形式展开，运动者对团队的协同配合和归属感的认同更显重要，这对发挥团队力量和个人能力都具有重要意义。

（三）提升运动者的沟通意识与表达能力

情感交流在人际关系中扮演着核心角色，而有效沟通则是处理人际关系的基础工具。啦啦操作为一项常以群体形式展现的运动，要求参与者与他人协作，因此为构建与他人沟通交流的广阔平台提供了机会。随着啦啦操在现代社会中的普及和比赛的频繁举行，它已经成了人际、团队，甚至国家间交流互动的桥梁。观赏啦啦操表演或亲身参与其中的运动员都能从中获得愉悦的体验，促进与他人建立和谐的人际关系。为了达成这一目标，人们运用多样化的语言和肢体语言来加强沟通。啦啦操运动对提升人体的身体语言表达能力具有独特作用，对社会交往产生重要影响。

当今社会，建立良好的人际关系对个体的成长和发展至关重要。这有助于个体在各项事务中取得事半功倍的效果，同时在精神层面上获得舒适感，更易得到他人的情感支持。沟通与表达不仅限于口头语言，更像是一门艺术，也是每个人应具备的技能。

（四）提升运动者对不同社会角色的适应能力

人类之所以超越其动物属性，乃在于其独特的社会属性，其根源在于个体所具备的丰富多元的情感特质和鲜明的个人特性，即人的思想智慧。正是基于这样的个体特色，人类在社会中扮演着多样性的角色。

参与啦啦操运动为运动员提供了亲身经历和感受各种不同社会角色的机会。在啦啦操运动过程中，运动员会接触到学生、教师、观众和评委等不同的角色。啦啦操作为一种艺术形式呈现，实际上为运动员提供了丰富多彩的角色体验。在学习过程中，每个人都可能扮演学习者的角色，精通动作的学生甚至可能担任教师的角色，为其他学生提供帮助和指导，对其他同学的动作进行评价。通过在啦啦操运动中的角色转换，参与者能够深入理解涉及的各种角色及其心理变化。这些角色的转换实际上与人们在社会中所扮演的角色是相似的，其定位和转换均取决于社会需求，与个体的社会地位和身份相适应。适应不同社会角色的关键在于调整好角色转换后的心态。这种心态的迅速转变可以通过参与啦啦操活动逐步培养，让人更快地适应环境变化，最终实现对新角色的完全接纳。

（五）促进运动者良好生活习惯的养成

人类所具备的惊人才能不仅体现在创造繁荣的物质文明上，还体现在孕育深厚的精神文明方面。飞速发展的当代社会生动地展示了这一非凡特质，不仅提供了日益丰富的物质资源，也赋予了我们无限宽广的精神文化领域。体育作为文明的重要组成部分，对人类精神层面的影响不可忽视。以啦啦操运动为例，它融合了体育、文化和艺术元素，满足了人们对健康、娱乐、休闲和时尚等多元精神生活的追求，极大地丰富了人们的日常生活，成为人们心目中的理想运动项目，并深深融入生活之中。

我国在积极推进社会主义物质文明建设的过程中，对精神文明建设的重视始终未曾放松。积极推广啦啦操活动有助于丰富人民群众的业余文化生活，也是对社会主义精神文明建设的有力支持。

随着社会的进步，人们的生活方式发生了巨大变化。时代的变迁推动着人们思维方式和行为习惯的改变。啦啦操运动作为一种创新的艺术类体育项目，有助于促进运动者思维的更新换代，进而对其生活习惯和方式产生深远影响。

1. 啦啦操运动对现代人生活习惯的影响

当今时代，人类社会中的各种诱惑不断困扰着我们，尤其对于自控力较弱的人群而言，这些诱惑很容易导致不良的生活习惯形成。身体强健、精力充沛大学生处于人生的黄金时期，培养并保持良好的生活习惯对他们未来的学业和生活具有积极而深远的影响，甚至关系到他们一生健康状况的持续改善。因此，社会上出现了各种关于生活习惯培养和引导的宣传教育，然而，在实践层面上，真正能够保持良好生活习惯的年轻人仍然是少数。根据相关调查，大学生群体普遍存在作息时间混乱、饮食结构不合理、娱乐活动过度、保健意识淡薄等问题。要想在短期内改变这一现状显然是不现实的，因此，长期而深入的宣传教育和引导工作尤为重要。

啦啦操作为一项具有极高健身价值的体育项目，对改善参与者的生活习惯具有显著效果。经常参与啦啦操锻炼的人在运动中释放和消耗了精力和体力，在晚间更容易感到疲惫，这就可以促使他们养成早睡早起的良好习惯。随着时间的推移，这种规律的生活方式逐渐形成，他们得以养成良好的睡眠习惯。此外，运动过程中消耗大量热量，导致参与者通常在运动后适时进食，有助于培养饮食规律的好习惯。啦啦操运动对生活习惯的影响还表现在其他许多方面，充分证明了其巨大影响力。

2. 啦啦操运动对现代人生活节奏的影响

近年来，科技的迅速进步极大地提高了生产效率，也导致当今社会的生活节奏明显加快。人们必须学会适应这样的快节奏生活，这并非易事，人们需要掌握一定的身心调节技巧，而啦啦操运动无疑是一种有效的方式。

啦啦操运动通常伴随着各种风格的音乐进行，对于帮助人们在良好的心态下适应快节奏的环境具有很大的帮助。参与者在进行啦啦操活动时所展现出来的充沛精力和旺盛斗志，为他们适应快节奏环境提供了坚实基础。同时，活动过程中带来的快乐体验也有助于释放人们在快节奏生活中积累的负面情绪。目前，越来越多的人开始关注并选择啦啦操作为自己的运动项目，积极投身其中，充分享受这项运动所带来的丰富价值。

在过去相当长的一个时期里，人们将大量时间投入工作中，以获取收入，维持家庭生计。随着生产力的提升，人们拥有了更多的自由支配时间，这为体育活动成为人们生活中不可或缺的一部分奠定了基础。将啦啦操运动纳入休闲时间的体育锻炼计划，不仅可以让人们在运动中得到放松，更有利于提升个人体质。此外，这也是一种增强社交能力的有效途径。总的来说，通过参与啦啦操运动，人们可以更加合理地安排闲暇时间，推动生活方式的变革。

二、现代啦啦操对社会发展促进的价值分析

（一）促进人们观念的改变

啦啦操运动以其内在多元化的价值展示，显著提升了人们的生活品质，促进了人类思维观念的更新，引导人们形成更符合社会进步需求的健康和运动理念。正是由于蕴含着丰富多样的价值元素，啦啦操运动才吸引了越来越多的人投身其中。参与者在运动过程中逐渐达成了共识，这不仅能够有效改变他们对该运动的认知，还能够塑造出一种共同的、专注于啦啦操运动独特魅力的文化认同。

1. 啦啦操运动处处体现着自由和平等。

啦啦操运动得以顺利展开和实施的基础，在于人们对于身体形态美和姿态美的高度欣赏和认可。它是一种适合广大民众的休闲娱乐型体育锻炼方式。参与其中的运动员们能够在提升自身综合素质的同时，频繁地体验到成功带来的喜悦，并且能够接受或者给予同伴真挚的关怀。因此，每一位参与者都能够深切地感受到人与人之间的平等关系，进一步理解和认识到这项运动所倡导的自由精神。这种积极向上的心态和理念，无疑会极大地帮助他们以更好的心态去面对生活中的各种问题，使尊重他人、平等相处的观念和行为习惯更加深入人心。

2. 啦啦操运动可以体现付出与收获的对等性。

啦啦操作为一项体育项目，注重运动员付出与所得之间的平衡和相等，凸显了其对公平原则的重视。这意味着，只有那些能够坚持不懈，严格按照规定时间参与训练，并全身心投入活动的运动员，才能够获得相应的能力提升。在这个过程中，运动员通过累积微小但持续的进步，逐步建立起自信，并获得成就感。从这个角度来看，啦啦操运动有助于培养人们积极向上、勇往直前的人生观和价值观。因此，我们可以认为，啦啦操运动充分展示了付出与收获之间的对等关系。

3. 啦啦操运动促进人与人之间的。和平相处。

许多健身、健美竞赛，如啦啦操运动，展示了人体之美。然而，与小球赛或拳击等对抗项目有别，这些竞赛注重参赛者的体能和形体表现，其挑战实际上源自个人的自我超越。尽管存在部分竞赛，但并不影响运动员在各个分组间建立和谐关系，这种竞争模式可以助人逐渐形成更愿意以和平方式解决问题的态度，而非紧张对立。

4. 啦啦操运动可以培养人们崇尚知识、崇尚人才的社会意识。

为了取得理想的啦啦操训练成果，除了全面提升身体综合素质外，更需要培养坚韧不拔的精神品质。实际上，啦啦操不仅是技术和策略的比拼，还涉及知识与实践的结合。为了实现其潜在的体育效益，我们需要遵循科学的训练原则，长期坚持将有助于逐步形成尊重科学、重视知识和人才的正确社会观念。

5. 啦啦操运动促进人们对于艺术和美的认可。

啦啦操作为一项将艺术性和体育性相结合的运动项目，融合了舞蹈元素，并始终伴随着音乐节奏，具有独特的美感。相较于其他运动项目，啦啦操在培养运动员的审美能力方面具有显著优势，能够丰富运动者的情感世界并提升其审美水平。热衷于啦啦操运动的个体往往对其表演充满热情，由此养成了欣赏美好事物的习惯。

（二）规范个人社会行为

啦啦操运动既是体育竞技项目，也体现了全面的个人发展过程。其价值在于促进运动员的技术掌握、身体素质提升、人际交流和团队合作能力提高，同时有助于提升个体的自信心和审美水平，进而提升综合素质。

作为一项竞技项目，啦啦操需严格遵循相应规则，以彰显体育精神的本质。因此，运动员需对规则有深入的理解，并在规则框架内开展活动。这不仅有助于锻炼体育技能，还能培养良好的社会行为习惯，有助于构建文明社会。

1. 啦啦操竞赛规则对个人社会行为的约束机制

在啦啦操竞技中，每位选手须严格遵守规则，从而自然形成守规之风。任何违规行为均受罚，比赛规则系统严谨，包括动作要求及禁用行为等细则。在比赛环境中，运动员将更深层次地解读并恪守规则。规则意识的培养将逐步延伸至日常生活，推动个体遵守社会规范。

2. 啦啦操运动对个人社会行为的深远影响

啦啦操作为独特的文化载体，蕴含着强大的文化约束力，对参与者产生多重正面效应。实际上，对于艺术性较高的啦啦操运动而言，规则的存在尤为必要；而对于具有直接身体接触的运动项目，道德精神和竞赛规则更是保障公平竞争，维护健康文明行为，限制粗鲁行为和不礼貌、不道德行为的关键。这些精神将深入运动员的内心，使规则意识在其生活中得以体现，成为无形的行为准则。

（三）社会秩序调控价值

随着社会发展进步，现代人对提升生活质量的追求日益强烈，重心逐渐向业余生活领域转移。多样化的休闲娱乐活动为人们提供了广泛选择的机会。然而，需要注意的是，并非所有休闲娱乐活动都与社会进步相契合。因此，引导公众选择积极向上的休闲娱乐活动显得尤为关键，尤其是那些融合了运动元素的活动，既有助于促进身体健康，又能丰富生活内容。

研究表明，单纯通过压制来改变人们通过参与不良休闲活动来获取放松感的行为，效果甚微，且往往是短暂的。因此，正确的引导方式应该使人们能够在可控范围内释放不良情绪和心理压力，体育运动无疑是其中的最佳选择之一。在这方面，啦啦操运动为参与者提供了一个有效的情绪宣泄途径，帮助人们在运动中缓解各类压力。

目前，越来越多的人选择啦啦操运动作为日常健身项目。长期坚持该项运动不仅能够锻炼身体，还能够陶冶情操，对于我国当前致力于建设社会主义和谐社会具有重要意义。

（四）促进精神文明建设

啦啦操运动成为一个多元文化交流与碰撞的平台，不受运动员文化背景限制，有助于转变根深蒂固的偏见，促进文化素养提升，从而推动社会文明进步。运动过程中，选手们充分锻炼身体，表达内心情感，体现了各种文化思想，文化思想间相互影响、互补不足，推动社会文明进步。因此，深入探讨啦啦操运动对于推进精神文明建设的重要价值，具有积极意义。

1. 构建社会主义民主意识

社会的发展程度往往受制于其民主化水平，民主理念在社会各个领域的普及具有重要意义。啦啦操运动因其较高的群众参与度和透明的评判机制，展现了民主精神。无论比赛还是日常表演，运动员都能够体验到民主决策的模式，这有助于潜移默化地培养民主觉悟和公民素养。

2. 促进社会文化的发展与丰富

啦啦操运动所传递的健康价值已为人所知，因此备受欢迎。如今，广场舞等活动已在全国各地广泛开展，拥有庞大的群众基础，甚至在海外也有影响。这表明了公众健康意识的提升。根据当前的发展趋势，类似广场舞和啦啦操等充满活力的体育形式将继续传播和发展，成为人们日常生活的一部分，并且对丰富社会文化做出积极贡献。

（五）促进社会经济发展价值

1. 提高劳动力质量和工作效率

啦啦操运动有助于提升个体的身体健康水平，因此对于提高社会生产效率有显著作用。因此，推广啦啦操运动不仅可以被视为一种具有较高社会效益的健康投资，更可被视为一项具有良好回报潜力的投资策略。

2. 促进体育健身及相关产业发展

我国的体育健身市场正处于蓬勃发展阶段。作为体育强国，我国当前的重要任务之一是健全体育产业体系，以吸引更多优秀人才投身于该领域。

在推动体育健身市场及相关产业发展方面，啦啦操运动具有显著优势。随着人们的健康意识不断提高，对通过体育锻炼改善健康的重视程度不断增加，人们更愿意投入资金进行体育消费。啦啦操运动因其独特的价值而备受欢迎，参与者数量众多，逐渐形成了庞大的消费群体。

从我国体育市场化进程来看，球类运动项目如足球、篮球、网球等已取得显著进展，商业化程度较高。尽管与发达国家还存在差距，但这已足以证明其对国家经济发展和市场繁荣的贡献。啦啦操运动在我国拥有广泛的受众群体，呈现出明显的产业化趋势。在啦啦操健身产业的推动下，相关的服装、器材、培训等产业也将迎来快速发展。

随着现代啦啦操运动及其文化的广泛传播，该运动有望在未来成为极具影响力的体育娱乐休闲项目。它所蕴含的巨大经济潜力将进一步推动其自身发展，实现良性循环。

3. 刺激健康消费

随着社会文明的不断演进，人类对健康的认知发生了深刻变革，开始重视并积极进行健康投资。然而，并非所有人群都表现出相同的体育消费行为模式。低收入者往往更倾向于选择价格较低廉的健身项目，如啦啦操等。相比之下，富裕人群则更愿意以更高的价格购买优质设备、聘请专业指导或者选择优越的运动环境。

当前，体育产业正面临着巨大的发展机遇，因为健康生活已成为现代社会的主流价值观之一。啦啦操已成为很多人生活中的重要组成部分，因此，为了追求自身的兴趣爱好而适度投入资金是完全合理且值得的。

我国生产力的提升使得劳动力得到了解放，人们因此拥有了更多的休闲时间和可支配收入，为参与体育锻炼提供了坚实的基础。此外，信息化时代的到来，使人们能够更全面地了解国内外的动态，拓宽视野，改变生活方式，这些都在健康消费领域有所体现。

4. 创造更多的就业机会

啦啦操运动及其产业链发展为就业做出了重要贡献，特别是在制造业和培训业领域。任何产业都需要有良好的发展前景，才能够提供稳定的就业机会。作为新兴产业的支柱之一，体育产业应该秉持可持续发展的理念，坚持运动商品化和产业化路径，为就业市场提供充足的岗位，让相关人才得以充分发挥其才华。

5. 改善国民经济产业结构

产业结构是指国内经济中不同部门和各类产业之间的内在构成关系。当前，我国经济发展的核心任务之一是优化产业格局。从宏观角度观察，第三产业的迅速发展无疑是一个明显的例证。这既反映了生产力水平的提高，也展现了社会文明程度的进步。决定一个国家经济发展质量的关键，在于第三产业所占比重，其比重的提升表明了社会发展水平的提高。在这一过程中，体育产业作为第三产业的一个分支，正在迅速崛起，成为推动国民经济产业结构优化的有效途径。因此，应该积极推广各种体育项目，特别是像啦啦操这样的运动，以期为国家经济结构调整发挥积极作用。

（六）对人与社会全面发展的价值

提升生产力水平是我国社会主义建设的核心任务之一，而人作为提高生产力的决定性因素，则需得到充分重视。在当代社会，人们更需要具备综合性素养，且身心健康。其中，身体素质作为基本前提，也是道德素质和文化素质的承载者，对于经济建设和社会发展具有根本性意义。体育教育在实现人的全面发展方面具有重要作用，是培养全面型人才的有效途径。尽管当前社会竞争激烈，但本质上仍然是人才的竞争，人才质量至关重要。因此，体育领域的改革也应着眼于全面提升个体素质，这无疑是世界体育发展的主要方向。而在这一背景下，啦啦操运动的推广无疑对个体与社会的全面发展产生积极影响。

第四章　高校啦啦操教学理论

在啦啦操教学过程中，教师需采用合适的教学策略和方式，遵循特定原则，以改善教学效果并实现教学目标。针对学生的体能状况和水平，教师应科学地规划教学内容，并有序地推进教学进程。在课堂上，教师应合理分配教材学习时间和训练时间，确保学生的身心健康。同时，教师应不断强调团队凝聚力，培养团队协作精神，通过游戏、比赛等形式加强团队文化建设。此外，教师还应发挥队长的领导力，提升其组织协调能力，以促进团队的整体发展。

第一节　啦啦操教学的目标与原则

一、啦啦操教学的目标

教学目标是指在体育教学结束时所期望达到的效果，即各方期待的成果。其呈现方式为对学员学业成就与最终阶段行为的精确描述。作为设定教学内容的基本要素，有效的教学目标有助于教师选择更符合实际需求的教学内容，从而更有效地完成教学任务。针对啦啦操教学向多元化、多任务方向发展的趋势，其教学目标可概括为以下四个要点：

第一，旨在培养学员具备优秀的道德素质、坚韧不拔的毅力，以及团队合作精神，树立良好的体育风气，以塑造“品行优”的运动员形象。

第二，致力于提升学员的身体机能水平，增强体质，强健体魄，改善体形姿态，培养气质，陶冶情操，促进其身心全面发展，以塑造“气质佳”的运动员形象。

第三，培养学员自主学习的能力和良好的学习习惯，使其在各类学习中充分发挥主观能动性，以塑造“学识广”的运动员形象。

第四，使学员熟练掌握啦啦操专业技术、技能及基础理论知识，掌握自主进行啦啦操锻炼及编排的技巧，以塑造“技艺精”的运动员形象。

二、啦啦操教学的原则

（一）一般性原则

1. 教师主导作用与学生主体作用相结合原则

教学计划的有效执行是教学过程的核心所在，成功与否关键在于教师能否有效协调和发挥主导作用，同时促进学生发挥其自主性。这一过程重，教师和学生既是各自独立行动的，又是相互依存、相互促进的。教师需要根据教育方针、学生特点和教学条件，发挥自身的积极性、创新性和专业素养，运用科学的教学方法引导学生主动探索、发现问题、解决问题，以便迅速掌握所需的知识和技能。教师的主导作用主要体现在教学方案的实施和教学过程的调控两个方面。而学生的自觉性和积极性则主要受教师引导、传授和调控的影响。学生的自觉性和积极性表现为，在教师的启发下明确学习目标，增强学习兴趣，主动发现问题，积极思考，总结规律，全力完成教学任务。在啦啦操教学实践中，教师应具备高度的责任感和事业心，展现出充沛的精神状态、适宜的运动着装、精准而充满热情的动作示范、简明扼要的动作讲解，同时创设丰富的教学环境，激发学生的学习兴趣。师生应共同进步，教师发挥主导作用，给予学生充分的发展空间，使其成为学习的主体，最终实现师生之间的共同进步。

2. 因材施教原则

当前我国体育课堂主要以班级为单位，班级规模大，学生个体差异显著，需要教学布局具有针对性，以满足学生多样化的求学需求，实现高效的啦啦操教学。在啦啦操教学实践中，确保所授知识适合广大学生的实际技能水平至关重要。对于素质优秀、能力突出、运动素养较高的学生，应适度增加教学内容或提升训练要求；而对于基础薄弱的学生，则需加强个性化辅导，帮助其弥补学习上的不足，完成学业任务。同时，考虑学生的能力、兴趣爱好及性别比例等因素，合理分配舞蹈啦啦操和技巧啦啦操的教学内容。此外，课程组织形式的重要性不容忽视，科学的分组教学有助于进一步改善学习效果。

3. 循序渐进原则

啦啦操教学应遵循由简至繁、由易入难、从单项到全面的原则，指导学生建立良好的基础，培养标准完美的体态。在打好基础方面，练习柔韧性、力量及对肌肉的掌控力等基本功是必不可少的。在教学过程中，教师应首先教授单个动作，通过反复练习，确保学生熟练掌握后再引入新动作。随后，将两个动作组合训练，并在此基础上逐步引入新的动作。此外，所选组合动作必须与教学目标和学生实际能力相适应，以便让学生逐步掌握整套动作。这一原则同样适用于单个动作的教学。例如，在舞蹈动作的教学中，先教授下肢动作，然后教授上肢手位动作，最后将上下肢动作结合起来。待学生完全掌握一个动作后，再提出更高的要求，包括全身协调、手臂发力及面部表情的艺术展现。在技巧托举教学中，应先教授保护措施，然后按底座、后点、尖子的顺序逐一教授动作。

4. 直观性原则

直观性原则旨在充分利用学生的多元感知和已有经验。在啦啦操教学中，这一原则主要涉及动作示范法和言语指导。动作示范法是让学生通过观摩教师的动作并模仿学习，直接反映了直观教学的特性。而言语指导作为多样化的刺激媒介，具有直接感知性和现实抽象性，能够将抽象的运动概念与实际动作有机结合，成为动作与概念相关联的桥梁。

（二）专门性原则

1. 安全性原则

第一，我们倡导参与者具备强烈的集体责任感和良好的团队合作精神。作为一项团体运动，团队被视为啦啦操运动的核心要素之一，每位成员都应为大家共同的目标全力以赴，共同捍卫团队荣誉。通过反复的磨合和实战演练，团队成员逐渐形成默契，建立起信任和依赖，共同面对挑战。这种团队协作在技巧啦啦操中尤为突出，每一次托举或抛接都对团队的默契度和成员之间的信任度提出了极高的要求。优秀的队员需要确保身体控制准确无误，底座及保护人员则需提供最佳支持和保障，队员间的相互信任使得啦啦操运动更具吸引力。

第二，在教学过程中，务必重视教学环境、器材，以及学习内容、方式、手段等方面的安全问题，以防止意外伤害事件的发生。考虑到啦啦操具有一定的风险性，课前应认真检查所需器材和场地，避免潜在隐患。同时，根据学生的实际情况，合理安排教学内容，避免过度挑战。教学方法和手段的选择也应根据教学内容、学生特点，遵循运动科学原则，不得擅自变更原定计划。在啦啦操课程的教学与训练环节，应有专业教师或教练员在场指导。

第三，针对啦啦操教学内容，教师应制订全面的安全预案，以应对可能出现的突发状况。教师应提前向学生传授安全知识，确保每位学生具备基本的安全意识。此外，教师还应掌握运动损伤的预防与急救技能。对于高难度动作，教师不仅需要了解动作原理、可能产生的损伤及相应急救方法，而且需要在实践中熟练运用急救技术。

2. 全面性原则

第一，的是良好的身体素质，这是不可或缺的。啦啦操运动动作对运动员的灵活性有极高的要求，需要全面兼顾身体协调性、柔韧度、速度以及力量素质。此外，完成高强度动作也离不开优良的耐力。因此，优秀的啦啦操选手必须具备全面的身体素质。

第二，多样的舞蹈风格是必要的条件。舞蹈啦啦操包含爵士、街舞、花球等不同风格。每种风格都具有独特魅力。花球强调快速、精准、有力且稳定；爵士则展现出优美与延展；街舞则表现为爆发力与节奏感。因此，啦啦操选手需要熟练掌握各类舞蹈风格。

第三，全面的技术动作也是关键因素之一。舞蹈啦啦操涵盖了各类舞蹈的基础动作及高难度技巧（如跳跃、旋转、翻滚、平衡与柔韧等），而技巧啦啦操更涉及各类超高难度的配合技巧（如金字塔、抛接、翻腾等）。这要求运动员具备高水平的技术技巧，既要有扎实的基本功，也要全面发展。

3. 艺术性原则

啦啦操涵盖了多个运动维度，展示了快节奏、高激情和惊险刺激的动感美。在教学过程中，需要重视动作的姿态、协调性、节奏感，以及团队协作的美学表现；同时，融入适当的音乐和舞蹈元素，让学生感受到运动和身体表现之美，提升音乐鉴赏能力。此外，还应关注音乐的选择配合、服装和道具的搭配运用，以达到呈现更富有艺术性的啦啦操表演的目的。

4. 教育性原则

在啦啦操教学中，教师运用多样化的教学方法，使学生得以获取知识、塑造品质，提升身体素质与审美水平。更能通过实践环节学会团队协作，对学生的综合发展具有积极推动力。

第二节　啦啦操教学的特点、内容及方法

一、啦啦操教学的特点

（一）技巧啦啦操教学的特点

1. 关注安全教育

在啦啦操教学中，应高度重视保护与协助的适时运用，以促进学生对动作的准确理解和快速掌握，同时降低教学过程中的意外伤害风险。技巧啦啦操所涉及的复杂多样动作要求身体协调，部分动作依赖于团队合作。因此，学生在实践中需接受教师的保护与协助，以防止潜在伤害的发生。教学过程中，首要任务在于培养学生保护与协助的观念，缓解他们可能产生的心理压力；其次，教师应有针对性地培养学生的相应技能，促进动作认知的形成；最后，在保护协助过程中，强调团队精神，培养学生互相关心与爱护的意识。

2. 强调规范教学

技巧啦啦操的高难度动作具有特殊性、危险性、规范性和艺术性，追求动作的稳定性、优美性和幅度。无论动作简单与否，都需严格遵循规定，并在教师指导下进行学习。教学的规范性是

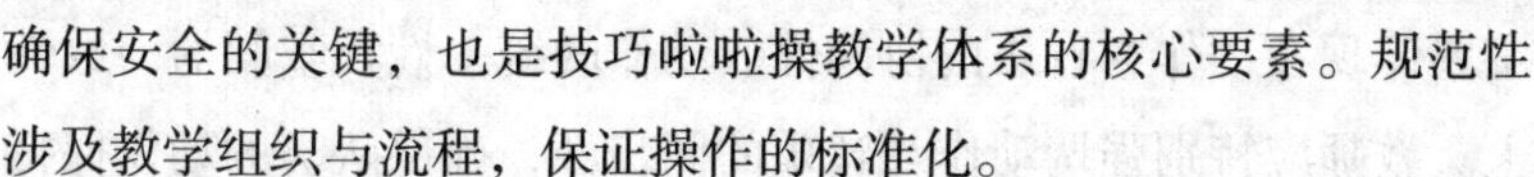

确保安全的关键，也是技巧啦啦操教学体系的核心要素。规范性涉及教学组织与流程，保证操作的标准化。

3. 实施分组教学

技巧啦啦操中，团队成员分为尖子、底座和保护三类角色，因此分组教学显得尤为必要。教师需根据学生的技术水平和身体状况，合理安排角色定位。各类角色需接受分类教学，确保队员技术统一，底座提供稳定支持，保护队员。

4. 注重协同教学

技巧啦啦操要求保护人员、底座和尖子在同一节奏下协同完成动作，因此要进行节奏配合练习，强调队员的同心协力。除了节奏教学外，还可采用多种教学手段，但动作完成需全体队员共同努力。

（二）舞蹈啦啦操教学的特点

1. 多元化技术风格教学重视

啦啦操项目包括花球啦啦操、爵士啦啦操和街舞啦啦操等多种风格，每种风格都具有独特的动作特点。对于花球啦啦操，教学侧重于手臂动作的清晰、快速和准确移动，同时注重身体控制、拉伸和平衡能力的提升。另外，学生应该通过实践来更好地掌握各种舞蹈风格的动作特征。对于爵士啦啦操，教学也强调身体控制、延展和力量运用，与花球啦啦操的教学特点相似。而在街舞啦啦操的教学中，则侧重于动作的力度，以及手臂、躯干、臀部和手脚位置的准确性，通过练习来增强动作的控制力。

2. 团队协作能力教学关注

在舞蹈啦啦操的教学过程中，团队协作能力的培养至关重要，主要体现在动作与音乐的协调性、动作的统一性和空间的一致性上。教师应特别强调动作与音乐的同步性，确保队员的动作保持一致、清晰、整洁和精确。同时，在成套动作的练习中，也应特别注意维持人与人之间的距离的一致性。

3. 编排能力教学强化

作为一项具有创造性和观赏性的运动项目，舞蹈啦啦操的教学注重培养学生的编排能力，以激发他们的创新思维，提升他们的审美素养。在动作编排方面，教师强调舞台呈现和视觉效果，突出音乐的创新性和原创性，以及动作的创新设计。教学过程中，教师会鼓励学生根据不同的音乐风格来编排相应的动作，指导他们在成套动作中进行具有视觉冲击力的队形和层次编排，并引导他们利用道具进行新颖的编排。此外，教师还将根据学生的实际情况，进行难度动作的训练，包括动作难度的调整、运动负荷的改变和节奏难度的变化。

二、啦啦操教学的内容

啦啦操课程的设计需重视学生群体的特点，注重团队文化的建设，以增强集体协作力和荣誉意识。在教学内容方面，应丰富舞蹈元素，强调动作的复杂性和不对称性，并引入跳跃、旋转、地面动作等，以提升学生的舞蹈感知和灵敏协调能力。同时，要适度增加难度动作等级，提高练习频率。

教师需要具备相应的素质，做好备课工作，并合理规划课堂时间。针对学生基础较弱或能力不足的情况，可以调整教学内容，先教授基础知识，避免设置过高的难度，以免影响教学进度和学生的积极性。同时，在教学过程中需要关注学生的安全问题，防止过度挑战造成伤害。

根据实际情况选择适宜的教学内容和策略至关重要。如果学生接受能力较弱，可以适当延长教学时间或降低难度，待基础巩固后再逐渐调整。如果学校的教学时间有限，可以精选重点内容，突出一两项核心技能。如果学校开设专门的啦啦操课程，学时较长，可以考虑增加基础训练，延长练习时间，给予学生更多创作和表演机会。

啦啦操教学课程可分为理论课和技术课两大类。

（一）理论课

人类对各种事物的认知常常需要经过理性和感性的双重审视，即通过实践和理论的交织，使学生能够全面系统地掌握啦啦操技艺。理论课程包括啦啦操简介、基础术语解析、安全操作规范、音乐选用与运用，以及啦啦队呼号学习和实践应用等多个方面。

啦啦操作为一个综合性体育项目，融合了高雅艺术与精彩表演。在理论教学环节中，通过图表演示，可以让学生更直观地感受到啦啦操的独特魅力，从而加深他们对这一领域的理解。此外，在教学过程中，教师需要注意授课言辞的简练和适度，以避免降低学生的学习积极性。同时，在安全知识传授过程中，应将理论与实践相结合，以增强学习效果。

（二）技术课

1. 啦啦操课堂规范

啦啦操课程需采取特定组织方式，包括上课和下课的专门仪式，同时强调教学环节启动时的标准形式。例如，教师发出指令

"Ready！"（"准备！"）后，全体学生立即统一行动，齐声呼唤口号"Go！"（"开始！"）

2. 啦啦操团队塑造

团队塑造为啦啦操教学核心之一。在适当的阶段和时段中，可通过有意义的集体活动或竞技性质的游戏，增进学生间的沟通交流。教师需依据学生的年龄、身心发展状况、理解力和认知水平，以及学习阶段和程度，精心策划团队塑造的具体方案。

3. 啦啦操技术要点（动作技巧、高难动作、动作编排、专项素质）

舞蹈啦啦操教学内容

等级	动作技术	难度技术	动作组合	专项素质
初级	基本手位 基本步法	参照七彩星级"红、橙、黄"星级难度技术内容	基本手位组合 基本步法组合 套路参照国家体育总局监制的《校园啦啦操示范套路》的难易程度	参照七彩星级"红、橙、黄"星级素质与力量练习内容
中级	基本手位+方向与节奏变化 基本步法+方向与节奏变化	参照七彩星级"绿、青"星级难度技术内容	手位组合与步法组合 套路参照国家体育总局监制的《啦啦操规定套路》的难易程度	参照七彩星级"绿、青"星级素质与力量练习内容
高级	手位与步法的创编	参照七彩星级"蓝、紫"星级难度技术内容	手位组合与步法组合 套路参照啦啦操竞赛规则对自选动作的要求创编	参照七彩星级"蓝、紫"星级素质与力量练习内容

技巧啦啦操教学内容

等级	动作、难度技术	专项素质
初级	国家体育总局监制的《啦啦操技巧规定套路》0—1 级	详见本书第五章
中级	国家体育总局监制的《啦啦操技巧规定套路》2—3 级	
高级	国家体育总局监制的《啦啦操技巧规定套路》4 级	

三、啦啦操教学的方法

教学方法涵盖了教师教授和学生学习两个方面，本书讨论的是教师的教学方法。在啦啦操教学中，教师根据教学目标、内容和任务选择适当的教学策略和手段，这是将教师的知识和技能运用于实践教学中的直接体现。

随着教学改革的深化，以及教学实践和思想的进步，现代教育越来越重视对学生综合素质的培养和提升，如智力、能力和创新等方面。启发式教学作为现代教学法的显著特征，在啦啦操教学中也应得到充分体现。例如，在教授基本动作之后，教师应注重培养和提升学生的创编能力，为他们提供自由发挥的空间，鼓励他们以小组形式进行队形、动作编排、难度动作、对比动作等方面的创作，同时给予适当的指导和改进建议。

此外，单一的教学方法难以使学生形成全面、清晰的认知，不利于他们迅速准确地掌握动作技巧。因此，教师需要巧妙地融合多种教学方法，根据特定的教学任务选择主要的教学方法，并将其他方法有机地融入其中，以实现啦啦操教学的高效性。

（一）直观教学法

1. 语言直观法

语言直观法以形、音、义为主要教学元素，旨在促使学生通过直观感知来理解知识。该法具备普适性，不受时空或设备限制。此外，运用生动的词汇和翔实案例，有助于情感激发与想象力唤起，有助于学生快速掌握学习重点，并解决关键难点。

2. 动作直观法

动作直观法通过教师示范或视频演示，增强了学习的直观效果，扩大了学习范围。在现代啦啦操教学中，此法是至关重要的策略之一。其明显的直观效果使学生能够身临其境地感受啦啦操学习的难度，从而激发学习兴趣。

在运用语言直观法时，需注重词汇的准确性与针对性，突出重难点，以发挥引导作用。而在采用动作直观法时，则可通过教师示范完整动作的方式来进行展示，确保示范符合规范。必要时，可借助视频录像等工具进行直观教学，所选视频应具有代表性，能够有效引导学生，例如全国统一发行的教学视频或大型比赛中优秀队伍表演的录像。可根据教学需求，灵活选择适宜的工具。

（二）讲解与示范法

1. 讲解法

讲解法是啦啦操教学中广泛采用的一种语言表达方式，其核心目标在于系统阐述技术动作的名称、要领、教学策略、训练要求，以及指导学生的学习与实践方法。详细解析技术动作的关键节点、操作原理及发力特征是其重点。在传授啦啦操动作技巧时，必须明确动作方向、轨迹、发力位置、方法、特性、身体姿势、速度及节奏变化。

2. 示范法

示范法是教师自身完成动作，以此作为啦啦操教学的示例，引导学生学习与训练。这种方法有助于帮学生建立正确的动作印象和理念。出色的示范能够激发学生学习动作的渴望，提升他们的学习热情，增强练习的主动性。

3. 运用讲解与示范法的要求

在讲解过程中，应采用专业术语，确保讲解准确无误，语言简明扼要，生动形象，达到举一反三的效果，同时增强趣味性。示范动作应该优美、精确，并符合项目的发力特点，以帮助学生确立正确的动作观念。示范面的选择应根据动作结构而定，适当选取镜面、背面和侧面进行示范。讲解与示范需密切结合，正确的示范带来视觉上的直观感受，有助于理解动作形象；生动形象的讲解则带来听觉上的直观感受，能够准确揭示动作技术的内在联系。将动作示范、讲解与启迪学生积极思考相结合，能够实现学生的视、听、思的统一，从而获得更佳的教学效果。在啦啦操教学中，一般先进行完整示范，然后进行整体动作讲解，最后进行分解动作示范及相应讲解，但具体应用因实际情况而异。

总而言之，讲解与示范是啦啦操教学中广泛采用的高效教学手段。正确、生动的动作示范能激发学生的练习兴趣，引导他们主动积极地进行模仿练习，讲解则可配合示范，强化动作观念的建立。

（三）完整与分解法

1. 完整法

完整法是指将整套啦啦操动作或一个连贯的高难度动作完整

地进行教学和练习的方法。在教学初期，完整法有助于学生建立整体动作概念。在教学后期的练习阶段，完整法则能够提升学生的动作质量，提高整套动作的连贯性和熟练度。

2. 分解法

分解法是指将一个较复杂或复合的动作分解为几个部分进行教学和练习，最终再将各个部分组合成完整的动作。例如，可以先示范并讲解下肢动作，然后再示范并讲解上肢动作，最后进行整体组合练习。这样做的目的是使学生更好地理解动作，并逐步掌握各个部分。

3. 运用完整与分解法时的要求

在运用完整法时，应突出教学重点，简化动作要求，并可以采用辅助或诱导性练习作为过渡。而在采用分解法时，则应采用背面示范，并将示范速度放慢。分解动作时，可以先教授下肢动作，待学生掌握后再教授上肢动作，最后进行整体练习。完整法与分解法应结合运用，前者有助于学生建立整体认知，后者则有利于解决学习中的困难，最终达到完整掌握动作的目的。随着学生掌握情况的进展，可以逐渐将分解的部分连接起来进行练习，最终实现完整的动作表现。在采用完整法时，也可以对动作的某几个八拍或重难点部分进行分解练习，以帮助学生更好地理解和掌握。

（四）情绪调动法

在啦啦操教学过程中，为激励学生对新动作产生强烈的学习欲望，我们可以运用现场教学技巧来激发其学习动机。

1. 音乐情绪调动法

在教授新动作前，可适时播放节奏鲜明、旋律优美的乐曲，引导学生沉浸于音乐氛围中，以此激发他们的学习动力。

2. 动作情绪调动法

良好的课堂环境及学生积极的情绪状态是增强学习效果的关键因素。教师应通过激励性的话语、手势及击掌等方式，激发学生的学习热情，并增强其自信心。

（五）提示教学法

1. 口令提示法

在啦啦操的教学中，口令提示法是一种重要的指导方法，通过口头指令和强化训练来确保学生熟练掌握动作、节奏和身体控制等技巧。此外，为了提升学生的学习效果并营造课堂氛围，还需要引入调动性和指示性的口令提示，如“加油”“手臂收紧”“用力”等。

2. 手势提示法

手势作为肢体语言的一部分，在啦啦操教学中扮演着重要角色。教师可以通过各种手势来指导学生完成练习。这种方法直观简洁，常用于学习和复习阶段。通过手势引导，可以提示学生动作的方向、位置和顺序，从而提高教学效率。此外，教师还可以根据基本动作创造出提示性手势，以替代口头提示，既能确保教学效果，又能吸引学生的注意力，激发他们的学习热情。

3. 运用提示教学法的要求

口令提示应具有明确的号召力和鼓动力，声音清晰响亮，措辞简洁明了。手势应准确、果断、及时，并且一目了然。口令提示和手势提示相辅相成，都应在上一个动作结束之前揭示下一个动作的方向和要点，以便学生能够迅速思考后续动作。例如，教师在音乐倒数“4—3—右边—开始”时，同时使用手势示范“K手位”。

（六）音乐伴奏法

1. 音乐伴奏法

在啦啦操教学过程中，音乐伴奏扮演着至关重要的角色。合适的音乐不仅可以增强动作的节奏感和旋律感，还能唤起学生的求知欲和训练激情。在轻松愉快的学习氛围中，学生更容易保持良好的状态，积极接受新的知识和技巧，从而进一步提升教学质量。

在实际教学中，我们可以通过改变音乐的节奏来强化学生对动作的记忆和动作连贯性。初学者可以跟随四拍或二拍的音乐进行动作练习，待熟练后，逐步加速至一拍一动的频率。

2. 运用音乐伴奏法时的要求

在选择音乐时需要考虑到动作的风格和特点。音乐作为啦啦操的灵魂要素，在比赛中起着至关重要的作用。教师应该根据不同的动作风格选择相应的练习音乐，以激励学生投入学习，并培养他们的节奏和韵律感知能力。

提示指令、手势等教学要素应与音乐节奏紧密配合，形成和谐的整体效果。在教学过程中，教师需要控制好音量和语调，手势的幅度和力度也应适中，避免不恰当的口令和手势影响学生的学习兴趣和效果。

（七）辅助教学法

1. 辅助教学法

在啦啦操训练过程中，需运用多样化的辅助手段，包括难度提升及体能锻炼中的器械辅助、安全保障和协助辅助，还有配合演练的口令或乐曲辅助；此外，还应在展现效果的环节提供乐曲或言语辅助等措施。

2. 使用辅助教学法时的要求

应注重辅助的精准性，针对学员差异选取相应的辅助策略。同时，应根据学员进步情况进行适时的调整。

（八）游戏竞赛法

在啦啦操教学中，采用游戏竞赛法能够有效地促进团队协作，并促进团队默契的增进。通过竞赛，学生能够更好地认识自我和他人，竞赛过程本身就是学习和成长的重要历程。合理掌控竞争和合作之间的平衡，可以增强团队的凝聚力和整体竞争力。

（九）团队训练法

啦啦操作作为团体性运动项目，以其独特的团队协作特性而著称。精心设计的一系列团队训练活动，有助于提升团队的凝聚力和成员之间的默契度，进而加深队员对所属团队的认同感。这些训练活动涵盖了团队规章制度的建立、啦啦队成员的职能分工、团队建设理念的传授、团队活动的策划与执行，以及啦啦队队长的选拔等方面。我们的目标是让每位参与者充分发挥自身优势，明确自己在团队中的角色定位，感受团队的凝聚力，推动整个队伍的健康成长。

第三节　啦啦操教学的准备、组织与实施

啦啦操教学课程作为学校广义教育的核心组成部分之一，主要着眼于啦啦操的教学内容。这类课程按照学习水平和难度级别的不同，通常分为舞蹈啦啦操初级、高级课程，以及技巧啦啦操初级、高级课程。啦啦操教学的成功与否受到多方面因素的影响，我们重点探讨课程设计、结构安排及课堂组织与实践等关键议题。

一、啦啦操教学课的结构

啦啦操授课环节的组织架构，根据教学过程的内在逻辑分为四大部分：开始阶段、预备阶段、核心阶段和收尾阶段。

1. 开始阶段

该阶段包含了通用教学规范和啦啦操学科的特有教学规范。前者包括整理队伍、报告出勤人数、公布课堂目标与要求、安排见习生等步骤；后者包括啦啦操课前的特定礼仪，学生通过口号与集体动作同步展示等方式，迅速集中精力，营造良好的学习氛围。

2. 预备阶段

此阶段旨在引导学生将注意力转向即将展开的课程，调动全身机能逐步进入工作状态，为后续的核心阶段做好身心和技能方面的准备。预备阶段的活动内容多样，包括轻度的关节运动、全身各部位的韵律动作、啦啦操基础动作等。为提升学生的参与度，

增强他们的音乐感知力、肢体协调性，教师需要在音乐伴奏下完成全部预备活动，并注重教学策略的运用，例如适时采用教师引领法，避免在音乐暂停时再恢复音乐练习。此外，根据教学环境调整示范角度，建议在中级和高级课程中采用镜面示范，以实现更高效的师生互动。这样能够及时发现并纠正错误，确保学生在运动过程中心率适度升高，快速进入工作状态。

3. 基本部分

基本部分是啦啦操课程的核心要素，其授课宗旨在于实现基本讲解与传授，具体内容包括基础教材、专项支持性教材、理论知识及思想政治教育等多个方面。在备课环节中，需着重关注如下几个要点：

（1）依据课程设置的目标、教材特性及学生的学习现状，合理安排教学顺序，明确课堂教学要求、运动技巧，以及教学的重点与难点。

（2）在转换教材时，务必做好相关准备活动，根据本节课的教材特性，适当安排素质训练，以提升学生的体能水平。在进行素质训练时，需注意将速度训练、柔韧性训练置于课前，而力量训练及耐力训练则可安排在基本部分的末尾。

4. 结束部分

在课程结束环节，首要任务是使学生的身体逐步回归宁静状态。这包括进行轻度游戏、柔和舞蹈及瑜伽动作等，以促进其身心放松。同时，这一阶段也涉及放松按摩等活动，进一步缓解身体的紧张感。

紧接着，评价阶段是不可或缺的一部分。在这一阶段，教师和学生将进行互相评价和自我评价，全面回顾课程内容和个人表现，这有助于学生对自己的学习成果进行反思，促进个人的成长和进步。

作为课程结束的标志性环节，啦啦操课堂的下课仪式尤为重要。特定的行为仪式与课程开始环节相呼应，使整个教学过程完美地落幕。这种仪式感的设计有助于营造良好的教学氛围，并给学生留下深刻的印象。

二、啦啦操课的备课工作

啦啦操教师为确保教学活动有序进行，需要进行精心的备课工作。备课是成功开展课堂教学的基础，没有充分的备课工作，很难达到预期的教学效果。在备课过程中，教师需要编写教案，这是根据教学安排和教学计划，结合课堂实际情况制订的一套教学策略的总称，也是教师进行教学工作的关键依据。因此，撰写优质的教案是每位啦啦操教师的职责所在。

1. 编写啦啦操课教案前的工作

（1）备教材

对教材进行深度解析是备课工作的基石。通过全面剖析教材，教师能够清晰地理解每项教学内容的目标、使命、内涵和规范。在解读教材的过程中，应考虑各类学生的需求差异，合理选择教学策略，安排授课内容，并把握课时的密度和运动强度。作为啦啦操教师，我们需要运用生理学、解剖学、力学、心理学等知识来梳理教材，深入了解教材的框架、动作要点、技术特性及其原理。

（2）备教法

在课前，啦啦操教师需要进行技术动作的演练，亲身体验肌肉运动的感觉和发力特点，站在学生的视角思考如何更快速、高效地掌握技术动作，并在实践中总结技术要领、难点和重点；通过反复推敲和设计，科学选用教学方法，确保教学顺序得当，组织措施完备。

（3）备学生

深入了解学生是备课工作的核心。啦啦操课堂是师生互动的舞台，教师只有充分了解学生的真实情况，才能为备课工作打下坚实基础。在授课前，教师应该了解班级学生的数量、性别构成、年龄层、训练背景等信息，并根据实际情况设定教学内容和相应的难度水平。

对于低龄段学生，适宜开设基础课程。限于生理发育和心理状态，他们所能承受的运动负荷相对较小。因此，在教学组织过程中应采用集体练习的方式，多样化的教学方法有助于激发他们的学习兴趣。

而对于高年级学生，他们的思想更为成熟，学习动机更强，自我管理和组织能力较强。在啦啦操教学中，可以根据学生的能力水平、体能素质和基础知识调整课程的难度。在教学过程中，适当提升难度，给予学生新的挑战，激发其学习动力。在练习环节，可以采用分组练习模式，并设立队长，既能增加运动负荷，满足他们掌握更多技术的渴望，也能在活动中提升他们的组织和协作能力。在教学方法上，应注重深入讲解和多次练习，引导学生从技术原理层面掌握多种技术动作，逐步培养和提升学生的创新思维，赋予学生更大的创作和编排空间。

（4）备场地、器材

课前准备工作包括了解场地和器材设备，以及同期上课的其他教学班的教学内容和所需场地器材情况。同时，还需要检查器材的质量、规格和性能，实地考察场地的状况，确保安全无虞。

2. 编写啦啦操课教案

编写啦啦操教案时应注意以下几点：明确教学任务和具体要求，确保教学活动符合现实情况并切合教材内容；突出教学重点，确保教学过程有组织且科学化、多元化；合理安排运动负荷，并完善安全措施，以保障学生安全。此外，应合理布置场地，采用简练清晰的文字表达，力求简洁明了、图文并茂。教案内容应涵盖教学任务、教学内容、教学组织形式、教学方法、练习时间与次数、场地器材，以及课后小结等多个方面。

3. 备课与上课的衔接工作

完成啦啦操课程教案编制后，教师应当立即进行深度思考，构建整个课程的生动画面。随后，将教案带至课堂，自主调整和反思教学过程，包括各个环节的顺序、技巧训练、教学方法、示范解析、队列调整，以及场地器械的布局等。通过逐项对比实际情况，发现教案中存在的不足之处，并及时进行补充和修订。

三、啦啦操课的组织

啦啦操课的组织工作，需依据特定教学任务、课程内容及学生特质来实施，涵盖场地器材设置，教学与练习，以及学生队伍调度等方面。

1. 场地器械的布置

舞蹈啦啦操课程所需的场地空间应充足，地面应平整，并铺设地胶或地垫，以提供足够的缓冲和保护。此外，应配备练习对照镜、把杆等训练辅助器材，以支持学生的技术训练和表现。而技巧性较高、协作性强且风险性较大的技巧啦啦操项目，对场地和器械布置有严格的要求。器械应相对集中摆放，确保每组练习区域都有足够的空间供学生进行实践，并配备保护垫，以减少意外伤害的发生。在素质练习环节，可以充分利用瑜伽垫、哑铃、杠铃及其他组合器械进行教学与练习。在课前，教师应仔细检查器械的稳定性、垫子的平整度，以及器械的位置布置，以确保安全性和有效性。另外，对于户外场地，还需关注风向和日照情况，避免在阳光直射的环境中进行练习，以确保学生的健康和舒适。

2. 教学与练习组织形式

啦啦操课通常根据教材内容及任务，采用集体组织、分组组织及个人组织三种方式，其中分组组织为课堂组织的核心。

（1）不分组同步练习——适用于学习操化动作及新授内容阶段。

（2）分组同步练习——技巧啦啦操托举动作练习时可使用多块垫子，分为若干组同步进行，有利于合理安排教材内容，但对器材数量及学生的保护意识提出了较高要求。

（3）分组轮换练习——教师将学生划分为若干小组，布置不同的教材内容后进行轮换。分组轮换主要有两种方式，一种为等时轮换，即各组练习时间相等，到时统一轮换；另一种为不等时轮换，即部分教材所需时间较长，其余小组先行轮换，随后该组与其他组依次轮换。

3. 队伍的调动

在舞蹈动作练习中，常采用疏散行队列进行组织，以便学生有足够的空间展开动作。教师应根据场地空间的大小，合理划分横队，以确保每个学生都能够得到充分的练习空间。在示范技巧和难度动作时，学生应站在教师的两侧，以便能够清晰地观摩示范动作。在调动队伍的过程中，教师需要注意口令的运用，口令应清晰有力，预令与动令要分明，具备足够的号召力，以确保队伍秩序井然。

四、啦啦操课的实施

1. 学习动机的培养和激发

学习动机作为促使学生学习的内在推动力，并非自发产生，而需通过有意识的培养与激发。虽然啦啦操表演具有较高的艺术性与观赏价值，但是在教学与练习过程中需要投入大量精力，部分高难度动作存在潜在风险，这些因素可能削弱学习动机。因此，在课堂上应采用各种策略来激发学习动机。

第一，丰富课程内容，采用多元化的教学方式。单调的教学内容和方法容易导致学生产生厌倦情绪，相反，将多样化的舞蹈风格动作训练融入课程中，可以使学生在学习过程中获得愉悦感受。此外，通过调整动作组合、节奏、练习组织形式，以及定期更换练习曲目等方式，可以激发学生的学习兴趣与动机。

第二，根据学生的实际能力与水平，合理设定课程任务。啦啦操中的许多高难度动作不是短期内可以完成的，教师应全面了解学生的能力和学习状况，逐步设定每堂课可完成的任务，增强学生完成动作的自信心，提高他们的练习积极性。同时，在提升教学质量时，不应忽视基础性练习的重要性。

第三，启迪学生的思维，激发他们的求知欲望。啦啦操中的舞蹈动作和高难度动作都具有复杂性和规律性。教学过程中不仅要教授学生如何操作，还要解释为何要这样操作，同时通过启迪思维，引导学生掌握规律，触类旁通，培养创新创编能力。

2. 运动负荷的安排和调节

在制定啦啦操课程的运动负荷时，需要综合考虑强度、数量、难度、密度及时间等多个因素。这些因素相互依存、且相互制约，其中强度、数量、密度和时间的增加将显著增加运动负荷，而难度的增加也会对负荷产生影响。在啦啦操教学中，音乐节奏的快慢也会对运动强度产生影响。快节奏音乐通常具有煽动性，有助于激发学生或运动员的激情和潜力，从而增强对运动负荷的感知。

需依据性别、体质与训练水平的差异，分配适宜的运动负荷。一堂课的运动负荷应以多数学生的承受能力为准，并兼顾个别差异，提出相应要求。

需根据各个教学阶段的任务，合理调整运动负荷。新授课时或考核阶段，运动负荷宜适度减小，后续逐步增大。复习课上，学生已初步掌握基础技术，为巩固提升技能、素质，需进行多次练习，故而运动负荷应相应增大。

教师的组织教法对负荷量有直接影响。课堂组织的严谨程度和科学性将影响学生的练习密度。适当运用游戏和竞赛方式，不仅可提高运动负荷，还会增加学生的心理压力。

教师可通过监测学生脉搏频率来调控运动负荷。通常情况下，准备部分脉搏频率约为 120—130 次 / 分，基本部分约为 140—

180次/分，结束部分脉搏频率逐渐回落，课后5—8分钟恢复正常。然而，此脉搏控制模式并非固定不变，可视实际情况做出调整。

3．德育美育的实施

啦啦操课程作为学校体育教育的重要组成部分，在全面贯彻教育方针方面具有不可忽视的作用。在课程教学过程中，学生不仅能够习得操作技巧和相关知识，提升素养，而且能够在体育活动中融入德育和美育元素，实现德育、智育、体育、美育的有机结合。

（1）德育的实施

啦啦操教学通过课堂规范教育和队列训练，培养学生的组织纪律性；通过规范的教学环境和训练程序，引导学生养成遵守规则、秩序的良好习惯；同时，通过团队协作和技术指导，强化学生的团队意识，培养他们的集体主义精神、团结友爱和互帮互助的优良品德。此外，通过实践锻炼，学生被鼓励展现学习动力，锤炼坚韧不拔、勇往直前的意志品质。这一教学理念旨在通过啦啦操课程，塑造学生全面发展的品格和健康向上的人格特征。

（2）美育的实施

啦啦操教学以科学规划和有针对性的身体素质训练为基础，旨在塑造学生匀称的身材和优雅的体态。在动作执行过程中，需严格遵循技术标准，致力于每个动作的完美呈现，培养学生对于动态和静态之美的感知力。通过组织演出和比赛，为学生提供展示和鉴赏美的平台，从而提升他们的审美水平。通过动作编排、队形设计、服装道具及音乐创作等手段，培养学生欣赏美、创造美的能力，从而全面提升他们的审美水平和美学素养。

4．课中人际关系的协调

在啦啦操教学中，和谐的人际互动和良好的授课氛围是确保教学顺利进行的关键因素。教师应充分发挥引领者的角色，根据特定课程性质，调整人际关系，构建和谐的课堂环境。

在团队运动中，队长的领导力至关重要。他们可以凝聚团队的力量，协助教师组织训练并提供安全保障。优秀的队长是连接教师与学生的桥梁，教师应培养和选拔优秀的队长，充分发挥其引领作用，推动课程的顺利开展。

师生需要共同明确教学目标，个人与团队目标的协调统一是实现优质啦啦操教学的基石。教师应通过多种途径阐述课程目标、任务及其重要性，激发学生的学习动力，并以身作则，为学生树立榜样。

在课堂内，观摩与互助是必不可少的。教师可以定期以小组形式进行展示与学习。通过观摩其他小组的表现，学生可以取长补短，提升技术水平。同时，在练习环节，教师应强化学生的互助意识，培养他们的集体主义精神。

教师需要妥善处理纪律约束与个性发展的关系。在保持组织纪律的前提下，教师应善于调动学生的积极性和表演欲望，避免过于刻板压抑，以促进学生的个性发展，营造良好的教学氛围。

第四节 啦啦操教学与评价的建议

一、教学建议

啦啦操课程的教学质量和效果在多个层面得以体现，主要包括学生对相关技能的熟练掌握、体能素质的显著提高，以及思想意识的积极变化等方面。为实现这一目标，教师需要精心制订包括学习目标、教学内容、教学方式、学习评估等在内的各项方案，以确保教学过程的顺利开展和有效实施。

（一）设置学习目标的建议

第一，需要强调目标的多元化，并在其中优化重点，以确保课程目标的全面性和有效性。第二，应将课程目标细化为具体措施，以提高其可行性，增强实施效果。第三，目标的难度应适中，根据学生的基础和体能状况，设立能够激发他们学习兴趣的目标，以促进学生积极参与，激发他们的学习动力。

（二）课程内容、教材要科学安排

啦啦操作为一项新兴的艺术体育课程，其教学内容的安排应当谨慎考虑，特别是在知识量的控制上，需避免一次性传授过多，以免超出学生的消化能力。同时，教学进度应当遵循循序渐进的原则，逐步引导学生深入理解和掌握相关技能和知识。针对不同年龄段学生的生理特性，教学内容应该有针对性地设计，以更好地激发他们的学习兴趣和潜力。此外，在教学内容和练习手段的选择上，应当考虑到学生的年龄特征，并且遵循动作技术形成的规律，按照由浅入深、由低至高、由易到难的顺序进行组织和展开。

（三）要注意做好课前准备及课后整理活动

准备活动旨在预先提高身体各器官的生理机能和神经指挥系统的协调能力，促进血液循环，提升肌肉温度，以便为正式锻炼做好身体的适应准备。这些活动的主要目的是调动学生的积极性，使其在进入正式课程时身体处于最佳状态，更有效地参与和受益于课程内容。

而啦啦操课程结束后的整理活动，则有助于迅速消除疲劳，保证肌肉得到充分的放松和伸展，有利于促进体力的恢复。设计这些活动，旨在通过适当的拉伸、放松和呼吸练习，帮助学生恢复身体的平衡状态，减少可能的肌肉酸痛感，为下一次活动做充分的准备。

4. 运动量要合理

根据学生的身心发展水平和课程类型，应当合理安排运动负荷。通过科学的教学组织和适当的教学手段，调整学生的运动负荷，以符合其能力水平和发展需求。此外，还可以通过调整练习次数、时间、动作幅度、冲击力等方式来灵活控制运动负荷，以确保学生在适当的挑战下有效学习和成长。

5. 要注意课程组织

优秀的教学课组织直接关系到教学效果的提升。教师应预见可能出现的各种情况，特别是在教授难度动作时，必须进行充分的热身和防护工作，以确保学生在学习过程中的安全。例如，在练习舞蹈啦啦操中的翻滚或技巧啦啦操中的托举、抛接等动作时，应选择合适的场地或者提供垫子保护，以最大限度地减少潜在的风险。

6. 服装要合理、合体

着装应当具备一定的弹性，并选用舒适透气的面料。严禁学生穿硬底鞋、塑料底鞋和皮鞋，而应选择适合教学内容的鞋款，比如舞蹈啦啦操课程可选用软底鞋、艺术体操鞋或爵士鞋，而技巧啦啦操则需要穿运动鞋或专业的啦啦操训练鞋。此外，学生口袋内不得存放钥匙、小刀等硬质物品，以防发生意外。

二、评价建议

啦啦操学习评价作为检验学生学习成果的关键措施，包含多元化内容、多种评估方法及多维评价准则，充分发挥其对学生学习积极性的激发，以及评估反馈、激励、发展等多种功能。

根据地方及学校的教学实际情况，以及学生的学习需求，可自主制订适合各类水平的学生的评价内容。总体而言，评价内容可涵盖以下四大方面：首先是体能方面，依据实际情况设定体能测试指标，以评估学生的体能状况；其次是动作技能，作为最核心的评价标准，用以衡量学生对啦啦操技能的掌握程度；接着是态度与参与，主要考查学生在啦啦操课程中的出勤率、课堂表现，以及学习兴趣等方面；最后是团队协作能力，这体现了啦啦操项目的独特性，涉及团队整体运动能力、表演热情、自信心、感染力、号召力、表演技巧及默契配合等要素。

第五章　高校技巧啦啦操教学与训练

第一节　技巧啦啦操运动安全防范

一、技巧啦啦操运动安全的重要性与特殊性

根据项群理论，技巧啦啦操可归类为“技能类表现难美项群”，该项目融合了观赏性与危险性，其持续发展的关键要素之一即安全性。技巧啦啦操的安全守则明确界定了相关行为，具备重要的实践指导价值。在教学、训练和竞赛环节中，保障人身安全，预防或减轻运动损伤是首要任务。因此，严格遵循技巧啦啦操安全守则的相关规定，对于教练和运动员来说都至关重要。

技巧啦啦操以其充满活力、具有强烈吸引力的动作和惊险刺激的表演形式，受到观众的喜爱。然而，像翻腾、抛接和托举等高难度动作潜在地带来风险。因此，提升运动员的安全意识，让他们熟悉并掌握各类防护措施，是维护其身心健康、提升其竞技水平的基础。

二、技巧啦啦操运动安全准则与要求

（一）技巧啦啦操运动安全准则

1. 严格遵守技巧啦啦操安全规则

实现健康和安全是技巧啦啦操事业持续发展的基石。在各类教学活动、技能训练、赛事竞技及文艺演出中，安全问题应当始终被高度重视。因此，将安全规则纳入技巧啦啦操产业标准体系至关重要，这也是所有从业者必须深入理解和熟练掌握的内容。根据相关竞赛规程，技巧啦啦操安全规则主要涵盖常规安全规则和技术安全规则两大方面。

常规安全规则涉及装备和道具使用的安全规范、训练场地和辅助器材使用的安全规定、训练和比赛过程中的行为规范，以及紧急救援措施等方面。技术安全规则主要针对翻腾动作、原地与行进间翻腾、托举、金字塔、下法和篮抛等六大技术环节，并细化为六个级别，每个级别对各个技术环节的安全要求有所不同。教练员和运动员需全面理解并严格遵守安全规则中的各项规定，特别是要认识到违规操作可能带来的严重后果。此外，所有参与啦啦操运动的人员都应购买人身意外伤害保险。

2. 例行准备热身与整理放松

准备活动的意义在于通过有效的身体练习，预先动员身体各个部位的机能，提高中枢神经系统的兴奋性，增强大脑的分析与判断能力，加强中枢神经系统对周围器官的调节能力，从而使技巧啦啦操动作更加准确、协调和灵活。若技巧啦啦操运动员在教学、训练和比赛前未进行充分的准备活动，可能由于肌肉弹性不足、韧带伸展性不够而引发运动损伤。此外，准备活动负荷过大也可能导致身体疲劳，使运动员在正式训练和比赛时身体机能下降，从而增加动作失误和损伤的风险。另外，若准备活动时间未与正式训练或比赛时间协调，造成间歇时间过长，也可能降低运动员肌肉和神经的兴奋性，进而引发运动损伤。

整理放松活动是指从紧张的运动状态逐步过渡到相对安静状态的一系列缓和运动。在技巧啦啦操教学、训练和比赛过程中，由于紧张剧烈的运动会导致身体和精神疲劳，若在疲劳消除之前继续进行练习，则可能造成疲劳的进一步积累，形成慢性疲劳。慢性疲劳积累到一定程度，可能导致过度疲劳，即病理性疲劳。此种疲劳状态会使运动员身体机能下降，肌肉僵硬疼痛，动作不协调，反应迟钝，注意力不集中，呼吸不稳定，同时易出现厌倦、烦躁等不良状态。生理学研究表明，充分进行整理放松活动有助于消除疲劳、放松心理。因此，整理放松活动的质量直接关系到技巧啦啦操运动员的竞技水平、学习效率及身心健康。

3. 科学合理安排运动负荷

运动负荷指人体在运动过程中承受的生理压力，包括负荷量和负荷强度两个方面。在技巧啦啦操的教学和训练中，适度的运动负荷能够引发适当的身体疲劳，并且可以为身体所承受，否则可能增加健康风险，甚至加大运动损伤的风险。此外，适度的运动负荷还能够引发机体的超量恢复，从而提高运动员的运动表现。因此，在技巧啦啦操的教学和训练中，应当遵循由简单到复杂的循序渐进原则，合理规划教学和训练内容，在必要时调整运动负荷。

4. 根据实际情况量力而行

技巧啦啦操属于高强度的运动项目，在进行教学和训练之前，必须对运动员进行全面的体检，以确保了解其健康状况。绝对不能隐瞒或轻视其存在的心脏病或其他疾病，也不能强行让患有这些疾病的人参与技巧啦啦操的教学、训练或竞赛。其次，必须关注场地和器材的安全性，排除一切潜在的风险，确保以个人安全为首要原则。最后，教练应根据地理环境、季节变化等因素，灵活调整技巧啦啦操的教学和训练方案。例如，在高原地区举办赛事时，需要做好高原反应的预防工作；夏季训练应尽量避开高温时段，以防止中暑的发生。

5. 重视保护与帮助

在技巧啦啦操运动领域，教练和运动员需全面理解并熟练运用保护与协助技术，这不仅是教学训练过程中的必备环节，也有助于预防运动伤害的发生。技巧啦啦操包含四大动作区域：翻腾、抛接、托举和金字塔。每种动作都具有极高的挑战性，伴随着多种潜在危险，这可能导致运动员产生恐慌感，加重身心压力，阻碍准确动作概念的形成，易引发运动损伤。

在技巧啦啦操的实践过程中，教练员适时提供正确的保护与协助，能有效预防运动员出现错误姿势，降低动作失误率，加速正确动作的条件反射的形成，从而提升动作技术水平，改善动作质量，同时保障安全，实现预防运动损伤的目标。

6. 加强医务监督

医疗监督指通过运用医学知识和技术手段，对体育运动参与者的健康状况进行评估，并防止训练过程中的各类潜在伤害。其核心任务在于指导并配合遵循人体生理机能发展规律的科学锻炼训练，具体涵盖普通病史、运动经历、皮肤外观检查、常规临床物理检测、形态测量、功能测定、血液生化检验、身体素质评估及特定检查等多个层面。

医疗监督分为初次检查、定期复检及必要时的补充检查三个阶段。初次检查旨在全面了解准备进行技巧啦啦操训练的运动员的健康状况，以此为基础强调相关注意事项，并为制订训练计划和选择训练方式提供参考。定期复检关注已进行一段时间技巧啦啦操学习与训练的运动员的健康状况，以及各器官系统功能的变化，评价教学与训练效果，调整健康分组，制订新训练计划，选择训练方式。补充检查则主要针对健康分组调整或因伤病长期停训后重返训练且准备参加重要赛事的运动员，重点监测其心血管系统及原有伤病组织器官的状态。

医疗监督有助于促进技巧啦啦操运动员的身体发育，提升其健康水平和运动技能，培养科学的教学与训练理念，使运动员养成良好的卫生习惯，降低运动损伤风险，确保技巧啦啦操教学与训练的顺利开展，提高训练水平。

（二）技巧啦啦操安全要求

1. 教练员安全要求

教练应精通高难度技术动作，根据运动员和团队整体水平，合理安排相应级别的技巧套路。所有技巧动作必须严格符合对应级别的要求，严禁超出规定难度范围。技巧动作的保护人员应为经过正规保护技能培训的本队队员。

在训练和竞赛过程中，教练严格禁止使用含酒精、麻醉剂、运动表现增强物质等成分的药品或非处方药，以确保其日常监管能力不受影响。各参赛队伍、俱乐部、教练和领队都应制订赛事突发伤害事故的应对预案。

2. 运动员安全要求

所有运动员必须在持有啦啦操教练资质的领队或教练的监督指导下进行训练和竞赛，严禁因酒精、麻痹药物、兴奋剂等而影响动作的流畅性。

在执行技巧动作时，运动员应始终在专门设计的啦啦操垫子上进行，以避免错误着地而导致受伤。建议避免在不平整的混凝土、沥青、湿地等地面进行训练。在比赛时，运动员必须穿软底运动鞋。严禁佩戴珠宝类饰品，只允许佩戴医疗用途的身份标签手环。特别规定，比赛服或皮肤上可以附带水钻，但必须确保其稳定性；运动员不得佩戴眼镜（隐形眼镜除外），若因生理因素无法佩戴隐形眼镜，必须提供二级甲等以上医院出具的医学证明，经裁判组审核通过后，方可佩戴加固型运动眼镜。在比赛期间，严禁运动员口中含有口香糖、糖果、止咳药片等可能导致窒息的食物或非食用物品。

在成套表演中，道具并非必需品。如果需要使用道具，必须事先征得赛事组委会的批准，以确保安全。只允许使用旗帜、横幅标语、标志牌、花球、扩音器和布条等道具。严禁使用带有杆状或类似支撑结构的道具进行托举和翻腾动作。所有道具必须以安全无害的方式传递，严禁在托举过程中抛掷或掉落坚硬的道具。严禁使用任何辅助设备提升高度，但弹簧地板除外。坚硬或边缘锐利的辅助训练器材，必须完全包裹缓冲垫或其他适宜的防护填充物，以确保运动员不会受伤。

比赛成套表演的时间上限为 2 分 30 秒。比赛开始时，运动员至少必须有一只脚、手或身体其他部位（除头发外）触地。比赛全程，运动员必须保持一致，严禁中途更换运动员。在落地时，严禁膝关节、臀部、大腿、胸部、背部，以及劈叉式着地，除非主要体重由手或脚承受，以达到缓冲效果。允许执行舒舒诺娃动作。特别声明，在下落过程中，如果主要体重由他人的手或脚承担，不构成违规行为。

三、保护与帮助

技巧啦啦操作作为团队竞技项目，强调保护与互助作为关键的教学和训练方式，以此促进队员间的紧密协作，并确保彼此的安全。在正常情况下，运动员需要承担起保护与帮助同伴的责任，因此自身必须全神贯注，始终关注、保护、协助队友，以确保整个团队的安全无虞。

（一）保护帮助的方法

在技巧啦啦操的教学实践中，保护和帮助必须相互配合，以确保安全和技术掌握。保护措施包括他人保护、自我保护及器械保护等几种方式，旨在降低运动员的受伤风险并保护其身体安全。帮助包含直接帮助、间接帮助及器械辅助等多样手段。

1. 保护方法

（1）他人保护法

防护是指在技术动作不熟练或遭遇突发事件时，护卫人员立即采取行动，以确保运动员的安全。主要措施包括接住、搂抱、阻截、阻挡、推送等，旨在调整运动员的动作方向，适时减缓或加快动作速度，以避免受伤事故的发生。例如，在抛掷动作中，如果运动员失去平衡从高处坠落，护卫人员需要迅速采取接住或搂抱方式防止其落地。又如，在翻滚动作中，如果运动员翻转速度不足，可能导致头部或胸部触地，此时护卫人员通常会通过推动其腿部加速翻转；相反，如果翻转速度过快，则可使用手接手阻挡背部的方式减缓翻转冲击力。护卫人员必须具备辨别运动员动作技术正误的能力，预测可能出现的状况，选择适宜位置和时机提供必要的保护和协助。技巧啦啦操涉及的高难度动作种类繁多，动作技术稳定性各异，因此护卫人员必须熟练掌握各类难度级别下的防护与协助方法，对防护部位、力度、方向及手法都需要精准把握。

（2）自我保护法

自我保护措施指的是运动员通过特定技巧和自救动作来应对技术失误导致的突发状况。在技巧啦啦操的教学、训练或比赛中，特别强调高空及落地环节的安全保障。在高难度动作如抛接、托举及金字塔姿势时，如果运动员无法保持身体平衡，则需要确保全程身体肌肉紧绷。至于落地环节，如跳跃、翻滚动作，运动员失去平衡时，应迅速调整身体路径并改变姿态，以减轻地面冲击对关键部位的影响。此外，保护支援者有责任加强运动员的自我保护意识，协助其调整状态，纠正不良习惯，并在意外情况发生时提前告知自我保护策略。

（3）利用器械保护法

在技巧啦啦操的教学和训练环节中，常用海绵坑、海绵包、海绵垫及保护带等辅助工具。这些工具有助于减轻运动员的精神负担，增加落地时的减震效果，从而降低动作失误及意外带来的机体损伤风险。同时，它们也为运动员提供了有力的安全保障，为他们在练习和表演过程中提供了更加稳定和安全的环境。

2. 帮助方法

（1）直接帮助法

直接帮助法是指教练员通过手部动作，如托、顶、送、挡、拨、搓、提、推等方式，直接对运动员进行帮助，以便帮助他们迅速理解并掌握动作要领，改善运动表现。在实际操作中，应根据具体情况选择适当的辅助方式。例如，在托举或金字塔动作中，若底座力量不足或技术不够精确，可采用托送尖子足部的方式，以增加腾空高度；在翻腾动作中，若运动员的旋转速度不足，可通过搓动其腰部来加速旋转速度。

（2）间接帮助法

技巧啦啦操教学与训练中的间接帮助法是指辅助人员不直接作用于运动选手，而是通过利用信号、标志物及限制物等方式来指导选手把握动作发力的关键时刻、动作节奏、空间和方位，以便迅速掌握和完美呈现动作。

信号：利用声音（如口令、呼喊）、视线（如默契手势）及节拍器等工具，提示选手抓住发力时机和调整动作节奏。在实践中，需要根据选手的能力和水平，提前给予适当的提示，以便选手准确理解并做出相应反应。

标志物：通过布置安全且显眼的物品，指引动作的方向、幅度和范围，协助选手建立正确的本体感知，以便掌握精准的技术动作。

限制物：通过设置安全且显眼的物品，提示动作的位置、高度和距离，帮助选手改良动作，提升动作质量。

（3）运用器械帮助法

在技巧啦啦操的教学与培训过程中，常常运用专业装备，如保护腰带、轴承保护带等。这些设备具备统一的规格和标准，确保了安全性。借助这些器具的辅助，能够成功地消除学员的恐慌情绪，促使他们更好地领悟动作的精髓，同时也能够缩短教学周期，改善教学效果。

考虑到技巧啦啦操注重运动员间的默契协作，学员们的状况有所不同，例如对动作技能的掌握程度、发力习惯、体能素质及情绪状态等方面存在差异。因此，保护协助人员需要深入了解学员，根据其特性和具体情况提供个性化的指导。

（二）保护帮助的运用

1. 托举与金字塔动作的保护与帮助

托举与金字塔动作的执行包括三个主要阶段：上法、空中姿态及下法。这些动作旨在保护尖子及其第二节（金字塔中间的底座）在下落过程中的安全，并为其提供必要的上法帮助，尤其是在执行难度较高的托举动作时，如垂直轨迹上法和翻转轨迹上法。此外，这些动作还涉及器械保护和间接帮助法。

在保护方面，练习托举与金字塔动作主要依赖于自保原则，即保持姿势紧密，远离危险源。保护工作需要时刻关注运动员的动态，并承担重大责任。同时，还可以采取第三方的防护措施，例如使用手接脚、手接手、手臂橄榄式拥抱、摇篮接等方法，具体选择取决于尖子的当前状况。例如，若尖子已保持稳定，但底座失去了控制，则可用手支撑底座，以提供额外的稳定性；若尖子失去平衡，且底座无法控制，则应采取摇篮接的方式进行保护。另外，器械保护主要通过布置海绵垫等缓冲物来实现。

在上法帮助方面，托举与金字塔动作的直接帮助法因动作难度而异。通常采用的方法包括垂直轨迹上法和翻转轨迹上法。前者通常通过扶、托、送的方式实现，如在单底座高位双脚站动作中，帮助者可以托住尖子的脚掌和脚踝，向上施加力量，协助其提升高度。后者则采用托、送、拨、搓等手法，如在后空翻上法中，帮助者可以一手托住尖子的腹部，另一手拨动尖子的肩部，以提高托送的高度并加速翻转。此外，金字塔动作的上法帮助还包括抛送、提拉等手段，旨在为尖子提供充足的高度和正确的发力轨迹。

至于间接帮助法，则通过设置发力点位标记，引导尖子掌握正确的发力时机。例如，在后空翻上法中，帮助者可以在尖子身后设置标记点，要求尖子先将手臂摆至标记点，再进行翻转，以此帮助运动员理解正确的发力时机。器械帮助法则是主要借助保护带提拉尖子，使其达到适当的高度，顺利完成动作，并确保安全落地。

2. 翻腾动作的保护与帮助

翻腾动作在技巧啦啦操中扮演着重要角色，涵盖了各种翻转和腾空动作，主要分为原地和行进两种方式，包括翻跟头、空翻等动作。整个过程由起始、翻转 / 转体和落地三部分组成。

安全保障措施主要针对运动员的落地动作。自我保护的关键在于始终保持身体紧张状态，尤其对于空翻动作而言，不得有任何迟疑。当重心出现较大偏差时，可以顺势滚动，以减缓冲击。他人防护通常采取扶挡、托、接的方式。保护者站在运动员预计着陆点旁边，一只手扶挡背部，另一只手扶挡腹部，协助运动员稳定重心。若运动员重心不稳，应使用手臂托、接的方式，避免头部碰撞地面。此外，还可以利用器械进行防护，例如在运动员着陆点放置海绵垫，以减轻落地冲击。

帮助运动员完成翻转或附加转体动作是教练员的主要任务。针对不同类型的翻腾动作，应选择相应的辅助方法，如提、拉、托、拨、投、搓等。例如，在后滚翻动作中，教练员可通过提、拉运动员腰部来加速翻转并减小地面反作用力；在前手翻动作中，教练员可通过拨动腿部、托住腹部来增加腾空高度。至于间接帮助，主要是指导运动员掌握正确的发力时间和位置。例如，在原地团身后空翻中，教练员可设立标记点，要求运动员蹬腿摆臂至该点后再屈腿团身翻转。

器械辅助主要用于帮助运动员掌握翻转和旋转技术动作，例如在练习翻转加转体的翻腾动作时，可使用蹦床作为辅助工具，为运动员提供足够的腾空空间，帮助他们更好地理解技术动作，增强空中本体感受。

3. 抛接动作的保护与帮助

抛接动作是技巧啦啦操中的重要组成部分，运动员由底座抛起，完成各种造型或翻转、转体等空中姿态，最终回落底座的过程。此动作包括抛出、空中姿态、下落与接住四个环节。

抛接动作的防护主要集中在保护运动员落地动作。在自我防护方面，运动员需要始终保持身体紧张，以便底座能够顺利完成接臂动作；而在他人防护方面，则可采用托、扶、抱、接等方式。具体的防护方法取决于运动员的下落姿态。一般情况下，如果运动员是水平下落，双底座可以完成摇篮接臂动作，而保护者则位于其后，待接臂动作完成后，用手托、扶其肩背，协助缓冲。若运动员是垂直下落，则应采用手臂熊抱法；若有水平位移，则宜选择摇篮接臂方式。

抛接动作的辅助主要针对抛出动作。直接辅助可采用托、扶方式，即在预备姿势时，助手站在运动员前方或后方，双手托、扶底座双手，使之稳定并垂直上提，提高抛出动作的腾空高度。间接辅助则在于帮助运动员掌握正确的发力时机，助手可以设立标记点，要求运动员达到该高度后再发力。

第二节　口号的设计与训练

一、啦啦操口号的概念与作用

（一）啦啦操口号的概念

在啦啦操比赛中，口号作为项目文化的重要组成部分，扮演着重要的角色。在比赛开始之前，参赛队全体队员集合，利用规定的时限，通过高呼口号、运用道具和各类动作元素，如基本动作和难度动作，来表现他们的热情，鼓励队友的士气，并为比赛队员提供支持，烘托气氛。

啦啦操口号通常与基本动作、技巧动作和舞蹈动作相结合，通过语言和道具，展现富含特殊寓意的字眼、词汇及语句。这些口号不仅彰显了啦啦操团队的总体策略和团队精神，还象征着团队的目标和信念。口号的选择和表达方式都是经过精心设计的，旨在激发队员们的斗志和团队凝聚力，为比赛注入更多的能量和激情。

（二）啦啦操口号的作用

啦啦操标语作为一种特定形式的口号，具有激发团队热情、增强团队意识和促使团队达成高效目标的功能。同时，这些标语也反映了啦啦操队伍的独特风格特色、编排技艺水平、目标设定及团队士气。因此，可以将啦啦操标语视为该项目的特性之一，它充分展示了青春活力和积极向上的团队精神，展示了全体队员为追求最高团队荣誉而凝聚的力量。

二、啦啦操口号的设计原则

（一）简单化原则

啦啦操标语需唤起裁判和观众的热情，因此应简洁易懂、具有感染力且易于记忆。在创作过程中，应避免使用复杂的词汇或句子结构，以确保标语的有效传达和引人注目的效果。

（二）新颖性原则

啦啦操标语应当突显团队的独特性，可以从团队名称、吉祥物及标志色等元素中获得创作灵感。

（三）韵律性原则

啦啦操标语应具有强烈的震撼力，其节奏应该稳健有力、韵律明显、富有激情。与口号相配套的动作也应该保持一致的节奏感。

（四）主题性原则

啦啦操标语应当凸显团队整体的核心理念，具有深刻寓意，以展现团队的精神风采，象征团队的使命与愿景。

三、啦啦操口号的设计方法与步骤

（一）啦啦操口号设计方法

1. 配合法

口号的编排和设计应根据特定的动作，以确保动作的节奏与口号的节奏保持一致。在组合练习中，选手需要掌握基本字句和节奏的匹配技巧，通常以掌声作为节奏的标志。随后，可以逐步加入过渡、托举及基础手位等动作，甚至可以通过象形演绎的方式传达口号的内涵。最终，选手需要展示整个口号，并结合动作完成。

2. 道具法

口号的呐喊应当简洁明了，与整套动作的整体构思和音乐特性相契合。关键字词可以通过标记牌、队旗等媒介传递，以激发观众的热情，使其参与共同呼喊。

3. 反复法

创编设计的口号应着重强调团队特色和体育精神，通过反复呼喊核心词汇，使裁判和观众易于记忆。

（二）啦啦操口号设计步骤

首先，精心挑选合适的节奏与音阶，以此构建新颖且流畅的旋律。其次，依据音乐节奏与旋律，填写歌曲文辞。再次，运用文字创造基本动作，对于重复的诗句，可选用同样的动作设计。最后，运用各种舞蹈技术动作，如连接、提物、塔式结构及技巧下降等，进行搭配。

四、啦啦操口号的训练

（一）发声练习

口号的一致性对于体现啦啦操团队的团结精神至关重要。通过共同练习口号，队员们可以牢记口号的节拍和韵律，避免出现忘词或节奏不协调的情况。同时可以指定一位队员来引领全队呐喊，以确保整个队伍的呼喊协调一致。

在口号的技巧方面，要求发声清晰而洪亮，以确保观众能够清楚地听到每个字。此外，要积极与观众进行互动，尽量放慢喊口号的速度，引导观众跟随节拍一同呼喊。在发声训练方面，应注重腹式发音，避免使用喉音，以确保声音的清晰度和响亮度。

（二）动作练习

啦啦操口号的设计应当结合表演，以增强其感染力，并提升观众的观感体验。首先，需要编排出迅疾有力的基本动作，以吸引观众的注意力。其次，根据口号的内容设计相应的基本动作，生动地展现文字的含义，对于口号中重复的词语，可以采用相同的动作，以突出其重要性。再者，可以适当加入跳步、托举、金字塔等高难度动作，以增强整体的视觉冲击力。最后，在口号结束后，需要保持动作的定格一两秒，以让观众更好地体会口号所传达的信息。

第三节　托举、金字塔教学与训练

一、托举教学与训练

（一）托举的概念与分类

1. 概念解释

托举，通常是由一位或多位表演者构成底座，将尖子托离地面，并在不同高度空间内完成各类动作造型。

2. 具体分类

膝位托举：这是一种托举预备姿势，尖子的脚部高度与底座膝关节保持水平。

髋位托举：此种托举方式中，尖子的脚部高度与底座髋部齐平。通常情况下，底座会采用弓步姿势，尖子则在底座与地面平行的大腿上进行动作造型。

肩位托举：在此类托举中，底座将尖子托举至肩部以上或与肩部平行的高度，以完成各类动作造型。

高位托举：此为底座通过伸直手臂，将尖子整体托起到其头顶上方垂直位置的托举动作。

（二）托举教学与训练

1. 托举构成要素：

上法（预备）：顶尖运动员完成起舞前的初始动作。

托举造型：一名或多名运动员以底座为支撑，使尖端部分脱离地面。

下法（结束）：顶尖运动员回归地面或完成离场动作。

2. 技术要点：

托举技术包括准备姿态、托举过程、托举造型及动作释放四大环节。训练应遵循循序渐进、由低至高、动静相宜的原则。在底座与尖端配合时，底座需通过腿部、腰部协同发力，手部运用托、抛、举等技巧，使尖端身体保持适度紧张并维持直立状态，从而产生合力。托举方向会对动作运行轨迹产生影响。

（三）金字塔的概念

金字塔技法乃技术啦啦操所必须呈现的四种难度之一，即若干独立托举组合而成的大型托举总和。

（四）金字塔的教学与训练

1. 金字塔的组成

金字塔的实施需经过上架、过渡衔接、板式构建和下架四阶段。

2. 技术要求

金字塔属于复合型高举运动项目，其基本技能与高举技术相通。

第四节　篮抛、翻腾教学与训练

一、篮抛教学与训练

（一）篮抛的概念与分类

1. 概念

篮抛运动涵盖了多个环节，包括底座抛球、高飞尖子展示各类姿势、旋转或空翻动作，以及空中落地或重新被底座接住并保持静止的托举环节。

2. 分类

篮抛运动可分为轿子式、摇篮式及膝位式（亦称为预备式）。

（二）篮抛教学与训练

1. 篮抛的组成与技术要求

（1）起抛阶段

底座弯曲膝盖，使尖子重量降低，然后利用力量将其在最高处抛出并翻空，从而延长作用时间，提高冲击力，实现动量的提升。

（2）腾空阶段

尖子在空中展现各种动作，这是由其离开支撑点时产生的力矩所决定的，通过肌肉拉力进行各种姿势、旋转和翻转。

（3）接抱阶段

接或下法是指尖子完成动作后再次触地，此时需要保持稳定的身体姿态和良好的身体控制能力。

二、翻腾教学与训练

（一）翻腾的概念与分类

1. 定义

翻腾是指体操比赛中的翻转和腾跃动作。

2. 类型

翻腾动作主要分为原地和行进两类，涵盖了各种形式的翻滚、软翻、手翻、空翻及转体动作。

翻滚类：运动员通过身体各部分依次接触地面或器械，并以头部翻转的方式完成动作。

手翻类：运动员利用手部或头部支撑地面或器械，然后通过头部翻转完成动作。

空翻类：运动员在空中进行头部翻转的动作。

（二）翻腾教学与训练

1. 组成与技术要求

（1）翻滚类别

按照方向，分为前翻、后翻及侧翻；按照动作类型，则可分为团身、屈体及直体三种。技术关键在于滚动顺畅、方向正确。

（2）手翻类别

方向同样包含前方、后方及两侧；动作形态分为单脚及双腿两种。技术要点为手翻方向要准确，需要经过倒立过程；向前与向后的手翻在空中均需保持一定高度和时间。

（3）空翻类别

方向涵盖前方、后方及两侧；动作形态包括团身、屈体及直体三种。技术关键在于起跳时机把握精准、方向明确、姿态正确、高空充分、落地平稳。

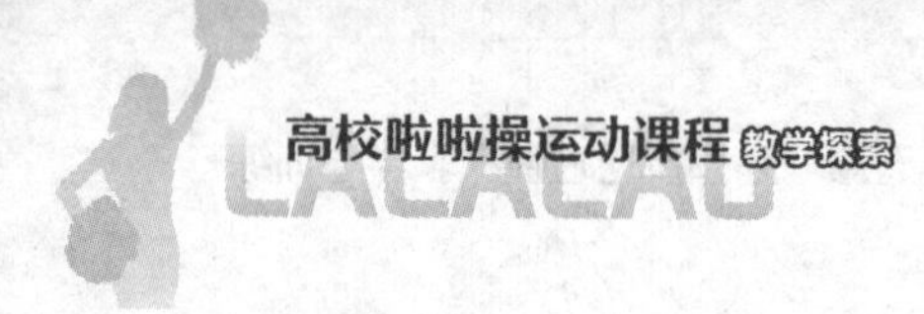

第六章　高校舞蹈啦啦操教学与训练

在花球、爵士、街舞及电子啦啦操的运动中，选手需要展现出卓越的体控、爆发力、柔软度、力度和表演技巧。此外，他们还需要全面了解并熟练掌握各类舞蹈风格。根据这些动作的技术难易程度，我们进行了详细而系统的分类，并提供了实践步骤和训练策略。这对于提高参与者的身体协调性和艺术感染力具有重要的指导价值。

第一节　花球啦啦操教学与训练

一、上肢动作技术教学与训练

花球啦啦操的核心动作是选手手持花球时的基本手位，这一动作需要展现出独特的力量感，通过短暂的提速和精准的定位来展现。该运动的手臂动作具有明显的特征，即“快、狠、准、稳”。上肢发力主要集中在前臂，需要内敛并保持紧张，力量要完全集中在身体的中轴线上，发力要迅速，动作要清晰，制动后要立即停止延伸，身体要保持稳定，位置要准确。动作转换必须迅速且干净利落，不能出现晃动现象。在操作过程中，需要避免用力过度或者制动不足导致视觉效果僵硬，力求既有力量又不失灵活，既松弛又不懈怠。选手在持球动作时，需要保持身体的重心下沉，发力时膝关节微曲，步伐要稳健有力。

（一）划线式发力教学与训练

划线式发力为花球啦啦操上肢动作之一，其手臂发力以肘关节绷直状态完成始末。

1. 第一段八个节拍

准备姿势定位：预备位。

第一节拍：双手直臂上举至 H 位。

第二节拍：手臂复原至预备位。

第三节拍：双脚分立，手掌握平于身体两侧呈 T 位。

第四节拍：双腿回收，手臂还原至预备位。

第五节拍：身体左转，双脚成弓步，双臂高举于斜上方。

第七节拍：双腿半蹲，手臂呈直角支撑于大腿前侧，头部微低。

第八节拍：回归预备位。

2. 第二段八个节拍

第一节拍：双腿分立，手臂呈斜下方冲拳，朝向七点方向。

第三节拍：双腿半蹲，右手臂内旋经斜下方冲拳至 T 位，左手展开。

第四节拍：双腿并拢，手臂呈上 A 位。

第五至六节拍：左脚向前跨出一步，手臂由体侧向下呈下 V 形。

第七至八节拍：双脚分立，手臂向上呈上 V 形。

技术要求：上肢动作的发力点位于前臂，需内收紧，以确保全身力量集中于中轴线，发力迅猛，动作有力且干脆，制动后无延长，稳控身躯，定位精准。动作转换需流畅精确，避免摇摆。手臂动作的起始与终止皆需保证肘关节绷直。

训练流程：

（1）根据节奏速度（例如 8 拍 /4 拍 /2 拍 /1 拍一动）逐步提升训练难度，速度加快则对运动员的技能提出更高要求。

（2）借助手臂负荷进行节奏或音乐练习，以此加强手臂发力，达到“四字”动作要领。可采用手套式沙袋、手腕沙袋、手握沙瓶等方式增加负荷，从而被动增强手臂发力，使手部动作更规范。

常见问题：发力过早、动作僵硬、手臂未制动。

（二）点对点式发力教学与训练

在花球啦啦操的套路表演中，以“点对点式发力”为典型代表的上肢发力模式被广泛采用，展现出手臂动作的独特爆发感。该技术的具体操作包括起始和结束时采用屈臂姿势，紧缩肘部，随后迅速施加力量并制动到位。

1. 第一八拍

准备动作：准备姿态。

第一拍：手臂从屈臂姿势向上抬起。

第二拍：回复到初始的屈臂姿势。

第三拍：双脚打开，手臂从短 T 位置抬升至 T 位置。

第四拍：双腿收回，手臂再次回到屈臂姿势。

第五拍：身体左转，双脚成弓步，手臂从屈臂姿势向上抬起。

第六拍：身体恢复原状，右手从短 T 位置向右上方移动。

第七拍：双腿半蹲，手臂呈直角支撑于大腿前方，头部微低。

第八拍：回到准备姿势。

2. 第二八拍

第一拍：右脚侧面着地，右手臂从短 T 位置向上冲拳。

第二拍：右手臂从屈臂短 T 位置向下冲拳。

第三拍：双腿半蹲，右手臂向内侧旋转，经过下方冲拳至 T 位置。

第四拍：双脚并拢，手臂呈上 A 姿势。

第五至六拍：左脚向前跨出一步，手臂从小 A 姿势向下 V。

第七至八拍：双脚打开，手臂从小 A 姿势向上 V。

动作要领：手臂运动始末间需曲肘收紧，迅速发出力并定位止动。

训练步骤：（1）根据节拍（8 拍 /4 拍 /2 拍 /1 拍）逐步加速，提高难度，越快者所需能力越强；（2）以节拍或音乐为引导，配合手臂负重进行操练，此举可增强手臂力量，掌握“四字”动作要点，可借助手套式沙袋、腕部沙袋及手持沙瓶等方式增加负荷，被动提升手臂发力效果，使手位动作更精准。

常见错误：发力过早、动作僵硬、手臂未制动。

二、下肢动作技术教学与训练

（一）基本站姿

1. 并立站

动作说明：双脚并拢，足尖竖直朝前，双腿紧贴，双手握拳，屈臂紧靠体侧。

操作要点：双膝应保持绷直，双腿紧贴，背部挺直，全身肌肉紧张，双臂需用力夹紧身体。

训练步骤：

（1）教师详细阐述动作要领，学员依指示进行模仿。

（2）教师协助外力牵引，检验学员双臂及双腿是否紧贴。

（3）以两人或多人为单位，一人向后 / 侧 / 前倾倒，其他成员负责保护，动作者身体不得松弛。

常见失误：腿与臂未施加足够力量紧贴；背部、颈部未充分挺直；肘部位置过于向后或向前。

2. 叉腰开立

动作说明：双脚分开，略大于肩宽，足尖微向外展，双手握拳屈臂置于两侧，肘部稍向内收。

操作要点：双腿需用力绷直，背部挺直，全身肌肉紧张，双脚分开，略大于肩宽，足尖微向外展，双手握拳屈臂，用力抵住髋部两侧，两肘向外伸展。

训练步骤：

（1）教师详细阐述动作要领，学员依指示进行模仿。

（2）教师协助外力牵引，检验学员屈臂握拳是否紧贴身体。

(3)以两人或多人为单位，从直立状态迅速转换至动作姿势，反复练习，互相检查纠正。

常见失误：大腿松弛，未施加足够力量绷直；屈臂握拳未施加足够力量紧贴身体；背部、颈部未充分挺直；肘部位置过于向后或向前。

3. 弓步站

动作概述：采取站立姿势，双足稍分，膝盖微屈，拳头紧握在身后。

动作要点：收紧全身肌肉，保持背部挺直，双腿分开，与肩同宽，前脚全力以赴踩踏地面，后脚则需抬起，用力推抵地面。双臂则应垂直伸展，紧握成拳。

练习方案：

（1）由教师详细阐述动作要领，学生依规进行练习。

（2）首先进行并拢双腿的站立训练，再依照节拍迅速调整至指定动作位置，不断强化记忆。

（3）在并拢双腿的基础上，根据节拍向前方、左侧、右侧及后方进行动作练习。

常见问题：重心位置不当（应位于双脚之间）；后腿姿态不规范，未完全弯曲；身体姿态不够挺拔；后脚踝未充分抬升。

4. 侧弓步站

动作描述：站立时两脚间距离相等且略宽于肩膀，将一条腿向侧方迈出，形成半蹲姿势，重心落在一只脚上（需全脚着地且膝盖弯曲）；另一条腿则保持伸展状态，用大脚趾内侧触地，同时上半身保持挺直，双手在身后握拳。

动作要领：背部需保持挺直，身体各部分肌肉紧张，两脚间距相等且略宽于肩膀，主力腿需全力踩踏地面，膝盖弯曲；非主力腿则需伸直，大脚趾内侧触地，脚踝需紧绷，双臂需绷直，双手握拳并紧贴体侧。

练习步骤：

（1）教师详细讲解动作要领，学生按照要求进行模仿。

（2）从并腿站立开始，跟随节拍迅速达到指定动作位置，反复练习。

（3）从并腿站立开始，根据节拍进行左右两侧不同方向的动作练习，以提高动作稳定性。

易犯错误：重心位置不正确（主要集中在主力腿上）；腿部姿态不标准，主力腿未完全弯曲，非主力腿未完全伸直；上半身姿态不够挺拔；髋部弯曲，未能保持挺直。

5. 锁步站

动作描述：左脚（右脚）向前迈出，全足着力，右脚（左脚）在后，以脚掌受力，呈交错姿势，同时屈膝使两膝卡合，身体保持垂直，双臂内屈后伸，紧握拳头。

技术要点：背部挺直，全身肌肉紧张，双脚交错，脚尖略微外展，屈膝时前脚需全力踏稳地面，后脚则以脚掌着地，脚踝尽量向上抬起，双臂内屈后伸，紧握拳头。

训练步骤：

（1）教师详细阐述动作要领，学员按照要求进行模仿。

（2）从并腿站立开始，跟随节拍迅速达到指定动作位置，反复练习。

（3）根据节拍，从提踵开立站开始，依次进行左 / 右脚在前的动作练习，体验重心由高至低的平稳过渡。

常见错误：重心位置不稳定（未充分屈膝导致重心下降）；上半身姿态不够挺拔；上半身未能准确向前；容易撅屁股。

（二）基本步法

1. 原地步法

（1）直立提踵→开腿蹲

动作描述：起始姿势为直立提踵，随乐曲节奏重复练习双腿开合至开立蹲位。

动作要领：身体需保持笔直状态，全身肌肉伸展开来；屈膝要充分，保证髋部平衡；收回直立提踵时，双腿应同步向内并拢，膝盖绷直，提踵时脚踝需紧绷，避免晃动。

练习步骤：

①教师详细阐述动作要点，学生依规进行模仿。

②跟随节拍或乐曲匀速反复练习。

③依据节拍或乐曲调整速度，进行循环训练。

④双人对练，双方直臂相对，双手相握，共同完成练习。

易犯错误：重心不稳（屈膝不足，重心下移）；上半身姿态欠佳；站立时脚踝未紧绷，开腿蹲时膝盖与脚尖方向未完全打开；臀部容易后翘。

（2）侧向弓步

动作描述：立正姿势，迅速转向侧面，迈出弓步姿势，跟随节奏或音律反复操练。

动作要领：躯干始终保持挺直，全身肌肉紧张收缩，转头迅速且高抬头部，转身需与肢体方向协调一致。

训练步骤：

①教师详细阐述动作要点，学员依规进行模仿。

②根据节拍或音律匀速反复操练。

③根据节拍或音律变速反复操练。

④强化训练方式：连续单脚跳跃并转向弓步。

常见错误：重心不稳（弓步时膝盖弯曲不足，重心偏低）；躯干姿态不够挺拔；弓步时后脚提踵力度不足。

2. 行进间步法

前行并双腿前后交叉→侧弓步转体后再转向前的双腿前后交叉→侧弓步

动作说明：从初始站立位开始，提踵抬起一条腿做交叉步，接着用主导腿向侧推动动力腿形成侧弓步，方向转换时遵循同样规律，节奏明了地进行反复练习。

技术要点：躯干需始终挺直，全身肌肉紧张，交叉步时腿部伸展并保持绷紧状态，侧步时一腿弯曲一腿伸直（区别显著），转向时身体收紧，速度要快，头部转动流畅。

训练流程：

（1）教师详细阐述动作要领，学员按照要求模仿。

（2）跟随节拍或音乐匀速重复练习。

（3）分组进行训练，以提高动作的统一性。

常见问题：重心不稳，动作过程中出现前后摇摆现象；躯干不够挺直，容易出现后仰或前倾情况；弓步时，脚部绷紧度不足。

（三）下肢组合教学与训练

1. 第一至八节节拍

预备姿势为预备位。

第一至二节拍：左腿向左侧跨步，双手交叉置于腰部。

第三至四节拍：左腿回收，与右腿并拢，胸前呈小 A 字形。

第五至六节拍：右腿向右侧跨步，双手交叉置于腰部。

第七至八节拍：右腿回收，与左腿并拢，胸前呈小 A 字形。

2. 第九至十六节节拍

第一至二节拍：左腿向前跨步，呈半蹲前弓步，双手交叉置于腰部。

第三至四节拍：左腿回收，与右腿并拢，胸前呈小 A 字形。

第五至六节拍：右腿向前跨步，呈半蹲前弓步，双手交叉置于腰部。

第七至八节拍：右腿回收，与左腿并拢，胸前呈小 A 字形。

3. 第十七至二十四节节拍

第一至二节拍：左腿向左侧跨步呈弓步，双手交叉置于腰部。

第三至四节拍：左腿回收，与右腿并拢，胸前呈小 A 字形。

第五至六节拍：右腿向右侧跨步呈弓步，双手交叉置于腰部。

第七至八节拍：右腿回收，与左腿并拢，胸前呈小 A 字形。

4. 第二十五至三十二节节拍

第一至二节拍：左腿向左侧斜前方跨步，双手呈直角支撑于大腿前侧，头部含入其中。

第三至四节拍：左腿回收，与右腿并拢，胸前呈小 A 字形。

第五至六节拍：右腿向右侧斜前方跨步，双手呈直角支撑于大腿前侧，头部含入其中。

第七至八节拍：右腿回收，与左腿并拢，胸前呈小 A 字形。

注意事项：

（1）并立位要求双腿绷直并拢，背部挺直，全身肌肉紧张。

（2）开立位要求双腿绷直并拢，背部挺直，全身肌肉紧张，双脚间距略大于肩宽，脚尖朝外，重心落在前脚掌，髋部微屈并保持紧张。

（3）前弓步要求背部挺直，全身肌肉紧张，双脚间距等于肩宽，前脚全力踩踏地面，后脚脚背充分抬起，前脚掌着地。

（4）侧弓步要求背部挺直，全身肌肉紧张，双脚间距略大于肩宽，主力腿全力踩踏地面，膝盖弯曲，非主力腿伸直，大脚趾内侧触地，脚踝保持紧张。

（5）半蹲要求身体重心落在前脚掌，大腿肌肉紧张，髋部弯曲并保持紧张。

常见问题：重心位置不稳定（未充分弯曲膝盖，导致重心下降）；上身姿态不够挺直；后腿姿态不正确，未充分弯曲膝盖；大腿松弛，未用力绷直并保持紧张。

第二节　爵士啦啦操教学与训练

爵士啦啦操在舞蹈体系中体现了严格的基本功要求，以细致的舞姿表达和精准的音乐节奏感为核心特征。这一项目对选手的多方面能力提出了高度挑战，其中包括对舞蹈理解的敏锐度、身体柔韧性、运动感知，以及对音乐节拍的准确捕捉。它适用于那些具备一定舞蹈功底和专业水准的啦啦队员，而对于一般中小学生而言，其挑战性则较为明显。

国内爵士啦啦操主要呈现出两种流派：一是以充满活力的力量爵士为主导的现代爵士风格，着重展现力量与身体掌控的平衡，呈现出类似 Hip-hop（“嘻哈”）的动感特色；另一种是芭蕾爵士，注重身体的柔软性与控制，广泛采用芭蕾舞的姿势、步法和高难度技巧。

现代爵士风格的爵士啦啦操对身体协调性和各关节的灵活性提出了较高的要求。在上肢动作方面，要求选手能够熟练运用肩关节带动手臂，通过肩部带动上臂，再由上臂带动前臂，最终将力量传递至指尖，并注重手臂的延展性；而在下肢动作方面，选手的脚背和膝盖要具备优美的线条，每一步都需要展现出舒展而流畅的脚背线条。

一、爵士啦啦操的基本技能与技巧

（一）舞蹈

爵士啦啦操以包含各种步伐、转体与跳跃为特色，强调舞者的身体协调性及节奏感知能力。

（二）跳跃

跳跃动作在爵士啦啦操中占据显著位置，涵盖单脚、双脚及连贯式跳跃形式。优雅的跳跃过程中，舞者需维持身体平衡，并妥善处理落地环节。

（三）翻滚

翻滚动作体现了舞者的柔韧度与技艺，如前空翻、后空翻等多种类型。务必在翻滚过程中确保安全，防止意外伤害。

二、身体部位教学与训练

（一）头部动作技术教学与训练

1. 第一组八拍

初始姿态：保持爵士基础站立姿势（开立）。

第一拍：头部向前弯曲。

第二拍：恢复原状。

第三拍：头部向后弯曲。

第四拍：恢复原状。

第五拍：头部向右侧弯曲。

第六拍：恢复原状。

第七拍：头部向左侧弯曲。

第八拍：恢复原状。

2. 第二组八拍

第一拍：向右旋转头部。

第二拍：恢复原状。

第三拍：向左转动头部。

第四拍：恢复原状。

第五拍：向右旋转头部。

第六拍：恢复原状。

第七拍：向左转动头部。

第八拍：恢复原状。

技术要点：

（1）动作需富有节奏感且流畅有力。

（2）每个动作力求达到极限，向前弯曲时，下颌触及锁骨；

向后弯曲时，头部与地面平行最佳；左右弯曲时，头部接触肩膀。

训练流程：

（1）教师详细阐述技术要点，学员按照要求进行模仿。

（2）跟随节拍或音乐匀速反复练习。

常见问题：未达标准即恢复原状；动作过程中过度放松或紧张。

（二）肩部动作技术教学与训练

1. 第一八拍

预备姿势：两腿分立；两臂侧平举，呈爵士标准手形。

第一至二拍：右肩上提，左肩维持原状。

第三至四拍：左肩上提，右肩维持原状。

第五至六拍：右肩回落，左肩维持原状。

第七至八拍：左肩回落，右肩维持原状。

2. 第二八拍

第一至二拍：右肩上提，左肩下压。

第三至四拍：左肩上提，右肩下压。

第五至六拍：右肩上提，左肩下压。

第七至八拍：左肩上提，右肩下压。

3. 第三八拍

第一至二拍：双肩内收。

第三至四拍：双肩后展。

第五至六拍：双肩内收。

第七至八拍：双肩后展。

4. 第四八拍

第一至二拍：右肩由下向前。

第三至四拍：左肩由下向上绕环至前方。

第五至六拍：右肩由下向上绕环至前方。

第七至八拍：左肩由下向上绕环至前方。

注意事项：动作需富有韵律感，干脆利落，充满力量，每个动作力求达到最佳效果；双肩运动时应保持协调。

训练方法：

（1）教师详细阐述动作要点，学员依规进行模仿。

（2）依据节拍或音乐匀速反复练习。

常见问题：动作幅度及过程不足；过度伸展导致身体失衡。

（三）胸部动作技术教学与训练

1. 第一八拍

预备姿势：双足横向展开，手臂自然下落至两侧，呈爵士手形。

第一至二拍：挺胸抬头，双腿并拢。

第三至四拍：低头塌腰，双腿微屈。

第五至六拍：挺胸抬头，双腿并拢。

第七至八拍：低头塌腰，双腿微屈。

2. 第二八拍

第一至二拍：胸部向右侧转动，右膝弯曲放松。

第三至四拍：胸部向左侧转动，左膝弯曲放松。

第五至六拍：胸部向右侧转动，右膝弯曲放松。

第七至八拍：胸部向左侧转动，左膝弯曲放松。

3. 第三八拍

第一拍：胸部向右前方舒展。

第二拍：胸部向右侧转动腰部。

第三拍：胸部向右后方收缩。

第四拍：胸部向正后方收缩。

第五拍：胸部向左后方收缩。

第六拍：胸部向左侧转动腰部。

第七拍：胸部向左前方舒展。

第八拍：胸部向正前方舒展。

注意事项：

（1）各点间转换需流畅无阻。

（2）点与点之间应构成完整圆形。

训练方法：

（1）教师详细讲解动作要点，学员依序模仿练习。

（2）跟随节拍或音乐匀速反复演练。

常见问题：全身过度用力，协调性不佳；髋关节稳定性不足。

（四）腰部动作技术教学与训练

1. 第一段八拍

预备姿势：标准爵士站立姿势（开立）。

第一至四拍：屈膝深蹲并前翻手臂，形成前平推姿势，低头含胸，保持手掌立状。

第五至八拍：再次反方向翻动手臂，下划至体侧，头部抬起。

2. 第二段八拍

第一至四拍：双腿挺直状态，双臂自背后向上举起，过程中胸部扩展，目光直视前方。

第五至八拍：双臂从胸前方向伸向身体两侧，手背朝下。

3. 第三段八拍

第一至四拍：屈膝深蹲，右侧腰部弯曲，双手顺着腰部上下移动，头部向右倾斜。

第五至八拍：双腿恢复原状，同时恢复初始姿势。

4. 第四段八拍

第一至四拍：屈膝深蹲，左侧腰部弯曲，双手顺着腰部上下移动，头部向左倾斜。

第五至八拍：双腿恢复原状，同时恢复初始姿势。

5. 第五段八拍

第一拍：双脚开立，身体向前倾斜，右臂伸直，左臂在胸前弯曲。

第二拍：身体转向侧面，右腰部倾斜，上半身与地面平行，双手上举，视线跟随双手。

第三拍：膝盖伸直，左手自后方向左展开，下压腰部，头部向后。

第四拍：右手自后方向左画圈，左腰部倾斜，上半身与地面平行，双手上举。

第五至八拍：身体由左侧腰部转向前方，起身站立，右手自前方向右画圈，直至身体前方，呈现芭蕾七位手。

6. 第六段八拍

第一拍：双脚开立，身体向前倾斜，左臂伸直，右臂在胸前弯曲。

第二拍：身体转向侧面，左腰部倾斜，上半身与地面平行，双手上举，视线跟随双手。

第三拍：膝盖伸直，右手自后方向右展开，下压腰部，头部向后看。

第四拍：左手自后方向右画圈，右腰部倾斜，上半身与地面平行，双手上举。

第五至八拍：身体由右侧腰部转向前方，起身站立，左手自前方向左画圈，直至身体前方，呈现芭蕾七位手。

7. 第七段八拍

第一拍：双脚开立，身体向前倾斜，右臂伸直，左臂在胸前弯曲。

第二拍：身体转向侧面，右腰部倾斜，上半身与地面平行，双手上举，视线跟随双手。

第三拍：膝盖伸直，左手自后方向左展开，下压腰部，头部向后。

第四拍：右手自后方向右画圈，左腰部倾斜，上半身与地面平行，双手上举。

第五至八拍：身体由左侧腰部转向前方，起身站立，左手自前方向左画圈，直至身体前方，呈现芭蕾七位手。

8. 第八段八拍

第一拍：双脚开立，身体向前倾斜，左臂伸直，右臂在胸前弯曲。

第二拍：身体转向侧面，左腰部倾斜，上半身与地面平行，双手上举，视线跟随双手。

第三拍；膝盖伸直，右手自后方向右展开，下压腰部，头部向后。

第四拍：左手自后方向右画圈，右腰部倾斜，上半身与地面平行，双手上举。

第五至八拍：身体由右侧腰部转向前方，起身站立，左手自前方向左画圈，直至身体前方，呈现芭蕾七位手。

注意事项：

（1）各段八拍间需流畅过渡。

（2）各段八拍间需构成完整圆形。

训练方法：

（1）教师详细讲解动作要点，学生按照要求进行模仿。

（2）根据节拍或音乐节奏，均匀重复练习。

常见问题：全身运动过于统一；髋部稳定性不足。

（五）髋部动作技术教学与训练

1. 第一八拍

预备姿势：双脚开立，双膝微屈，双手叉腰。

第一至二拍：向右上方顶髋。

第三至四拍：向左上方顶髋。

第五至六拍：向右上方顶髋。

第七至八拍：向左上方顶髋。

2. 第二八拍

第一至二拍：向前上方顶髋。

第三至四拍：向后上方顶髋。

第五至六拍：向前上方顶髋。

第七至八拍：向后上方顶髋。

3. 第三八拍

第一至二拍：向右上方顶髋。

第三至四拍：向后上方顶髋。

第五至六拍：向左上方顶髋。

第七至八拍：向前上方顶髋。

4. 第四八拍

第一至二拍：向左上方顶髋。

第三至四拍：向后上方顶髋。

第五至六拍：向右上方顶髋。

第七至八拍：向前上方顶髋。

动作要领：膝关节放松，微屈；上身保持不动。

易犯错误：动作幅度过小；躯干跟随髋部摇摆。

（六）上肢动作技术教学与训练

1. 第一八拍

预备姿势：爵士基本站姿。

第一拍：右手自右后方经侧下方向斜上方伸展，目光注视右手下方。

第二拍：右手顺势右平举，确保手指伸直。

第三拍：右手向右上方抬起，视线跟随手臂移动。

第四拍：右臂高抬，背部朝内侧，手指自然伸直，昂首挺胸。

第五拍：手掌转向内侧，慢慢降下，至左斜上方。

第六拍：降至右肩水平，头部随之转动。

第七拍：再次回到左下方，视线跟随手臂移动。

第八拍：恢复至预备姿势。

2. 第二八拍

第一拍：左手自左后方经侧下方向斜上方伸展，目光注视左手下方。

第二拍：左手顺势左平举，确保手指伸直。

第三拍：向左上方抬起，视线跟随手臂移动。

第四拍：左臂高抬，背部朝内侧，手指自然伸直，昂首挺胸。

第五拍：手掌转向内侧，慢慢降下，至右斜上方。

第六拍：降至左肩水平，头部随之转动。

第七拍：再次回到右下方，视线跟随手臂移动。

第八拍：恢复至预备姿势。

3. 第三八拍

第一至二拍：双手自体侧移至侧平举，深呼吸。

第三至四拍：由侧平举升至头顶，手腕交错，掌心向前，抬头挺胸。

第五至六拍：双手自两侧分开至侧平举，呼出气息。

第七至八拍：由侧平举降至身后，手指相触，低头含胸。

4. 第四八拍

第一至二拍：双手自体侧移至侧平举，深呼吸。

第三至四拍：由侧平举升至头顶，手腕交错，掌心向前，抬头挺胸。

第五至六拍：双手自两侧分开至侧平举，呼出气息。

第七至八拍：由侧平举降至身侧，保持爵士基本站姿。

5. 第五八拍

第一至四拍：弯曲右膝，手臂自右侧经侧平举，头部向右倾斜，手掌竖起。

第五至八拍：手臂下压，恢复至爵士基本站姿。

6. 第六八拍

第一至四拍：弯曲左膝，手臂自左侧经侧平举，头部向左倾斜，手掌竖起。

第五至八拍：手臂下压，恢复至爵士基本站姿。

7. 第七八拍

第一至四拍：右手自前方经上方向上伸展，掌心向前，五指张开，视线跟随手臂移动。

第五至八拍：右手自右侧向下按掌，恢复至爵士基本站姿。

8. 第八八拍

第一至四拍：左手自前方经上方向上伸展，掌心向前，五指张开，视线跟随手臂移动。

第五至八拍：左手自左侧向下按掌，恢复至爵士基本站姿。

注意事项：注重每个动作的延伸感和力量感，以身体带动手臂。

常见问题：动作过轻或过紧。

（七）下肢动作技术教学与训练

1. 第一八拍

预热姿势：爵士基本站姿。

第一拍：右腿屈膝提起，同时开胯并绷直脚面。

第二拍：以前擦地的方式出腿，重心移至左腿，脚背外展。

第三至四拍：右脚跟下压，重心从左脚转移至右脚前脚掌。

第五拍：左脚擦地收回，保持屈膝、开胯和绷脚的状态。

第六拍：重复第二拍动作，但重心落在右腿。

第七至八拍：与第三至四拍相同，但重心从右脚转至左脚前脚掌。

2. 第二八拍

第一至二拍：以前擦地的方式出右脚，脚背外展，重心在左腿，左膝微屈，左胯外扩。

第三至四拍：右脚跟下压，重心从左脚转移至右脚前脚掌，左脚跟离地。

第五至六拍：左脚由后向前擦地，脚背外展，重心在右腿，右膝微屈，右胯外扩。

第七至八拍：左脚跟下压，重心从右脚转移至左脚前脚掌，右脚跟离地。

3. 第三八拍

第一至二拍：以侧擦地的方式出右脚，重心在左腿，开胯、绷脚。

第三至四拍：右脚经擦地收回至左脚左后方，右脚跟离地，双膝弯曲。

第五至六拍：左脚向左侧擦地，重心在右腿，开胯、绷脚。

第七至八拍：左脚经擦地收回至右脚右后方，左脚跟离地，双膝弯曲。

4. 第四八拍

第一至二拍：吸气，右腿回收，脚尖置于左膝关节处。

第三至四拍：右脚向右侧踏下，双腿分开，重心位于两腿之间。

第五至六拍：吸气，左腿回收，重心从中间转移至右脚，脚尖置于右膝关节处。

第七至八拍：左脚向左侧踏下，双脚分开，重心位于两脚之间。

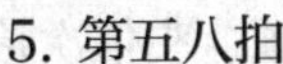

5. 第五八拍

第一至二拍：踮起脚尖，吸气，右膝回收，髋部内收，脚尖置于左膝关节处，右肩上提，左肩下压。

第三至四拍：右脚向前踏，大腿内侧收缩，左肩向左前方上提。

第五至六拍：吸气，左膝回收，髋部内收，脚尖置于右膝关节处，左肩上提，右肩下压。

第七至八拍：左脚向前踏，大腿内侧收缩，右肩向右前方上提。

注意事项：每一步的力度需从大腿延伸至脚尖，落地时需用脚尖将力道缓冲至地面。

常见问题：步法延伸不足至踝关节，髋关节开度不足。

（八）爵士啦啦操动作组合教学

1．第一八拍

第一拍：左足立起，右腿吸起，小腿回收，双臂经体侧至斜下方压腕。

第二拍：右腿收回，双膝微屈，含胸低头，双手置于身体两侧。

第三至四拍：右膝弯曲，左脚横向移动，送出右臂，左臂向前推出至前平举，抬头与出脚同步。

第五至六拍：转向左侧，呈七位、二位姿势。

第七至八拍：继续转向左侧，呈七位、二位姿势。

2. 第二八拍

第一拍：双脚开立，腕部交叉于头顶，低头挺胸。

第二至三拍：双膝缓缓弯曲，向后送，双臂自体侧展开，掌心朝上，展胸，头后仰。

第四拍：屈膝低头，双手环绕背部。

第五至六拍：膝盖由屈变直，髋、背、胸、颈、头依次抬起，双手缓慢分开至身体两侧，吸气。

3. 第三八拍

第一拍：右腿屈膝，左腿伸直，脚尖着地，送出右臂，右臂经体侧至侧平举，头部向右侧屈。

第二拍：重心移至左腿，右脚尖着地，双臂环抱，右臂在上，左臂在下，视线投向左下方。

第三拍：右腿屈膝，左腿伸直，脚尖着地，送出右臂，双臂经体侧向上，右臂侧平举，左臂斜上45°，视线投向右手方向。

第四拍：双脚并拢，站立稳定，双臂自下而上，手腕交叉，低头。

第五至六拍：双腿屈膝缓冲，右脚向后擦地踢腿，左膝弯曲，后伸直，双手经身体两侧，左手前平举，右手斜上45°，手指伸直。

第七至八拍：右脚向左前方上步转身，站立稳定，双手抱头，转身时双手逐渐张开，然后落在身体两侧。

4. 第四八拍

第一拍：左脚吸腿前进，屈膝，双手经胸前平屈至侧平举，手掌朝上。

第二拍：右脚吸腿前进，屈膝，双手下落至身体两侧，双臂夹紧。

第三拍：左脚吸腿向左前方迈步，呈开立姿势，右手并掌置于胸口。

第四拍：右手保持原状，左手并掌置于胃前。

第五拍：双膝弯曲，左腿膝盖内扣，双手交叉，视线投向右下方。

第六拍：恢复第四拍动作，双脚开立，右手置于胸口，左手

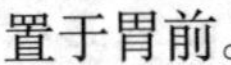

置于胃前。

第七至八拍：左手扶头，右手握住左肘，缓慢抬头。

5. 第五八拍

首先，完成以下动作：

第一拍：吸右腿，右臂直臂上举。

第二拍：右腿向右迈步，左臂直臂上举，右臂保持不动，抬头看手。

第三拍：右臂下落至胃前，左臂不动。

第四拍：左臂下落至胸前，右臂不动。

接着，完成以下动作：

第五至六拍：屈膝、含胸、低头，双手抱紧身体两侧。

第七至八拍：将膝关节伸直的同时，腰、背、颈、头依次直立，双手回到身体两侧。

6. 第六八拍

首先，完成以下动作：

第一至二拍：右腿经吸腿向后退呈左弓步，双臂经胸前平屈由后向前画圆。

第三拍：右脚并左脚，立踝，双臂上举，腕部交叉。

第四拍：左脚向左侧迈步，屈膝，双手经两侧分至七位手（托掌），头后屈。

然后，进行以下动作：

第五至八拍：左脚向右斜前方滑叉，右手沿身体右侧延伸至上举，左手扶地。

7. 第七八拍

首先，完成以下动作：

第一拍：从左叉转向分腿坐，右臂从上向右画圆回到身体侧面。

第二至三拍：右臂撑地，左臂经前、右到上，顶左腰，眼睛看向身后。

第四拍：双腿从分腿收至盘坐，左经右、前回到斜下扶地，低头。

第七章　高校啦啦操的编排教学与训练

啦啦操（也称作啦啦队运动、啦啦舞或场间活动操），被誉为融合了竞技性、艺术性、观赏性及娱乐性的综合性体育项目。作为极富群众基础且将体育与艺术完美结合的身体活动形式，啦啦操成就了极具普遍性且深得民众欢迎的大众化芭蕾艺术。

第一节　啦啦操的美学特征及审美价值

一、啦啦操美的本质

谈到啦啦操美的本质，就应该先理解体育美的本质，而体育美是美的范畴之一。关于美的本质问题，是个哲学性的问题。美学界众说纷纭，一直没有统一的定论，直到马克思出现，他吸取了众多学者的观点，总结出“美是人的本质力量对象化”。人的本质力量并非无根可寻，而是在各项社会实践，如生产劳动中产生与成长，人具有实际行动力去改变世界，实现其价值。

人类不仅通过生产劳动进行自我塑造，还可通过各类社会实践活动，如体育运动，来提升和发展体能与智力，以及生命力。这一过程中，人们通过各种方式丰富和完善思想，以适应当前环境对改造客观世界的需求。因此，在根本意义上，体育运动与其他社会实践活动并无不同，都是对人的本源力量的一种锤炼、消耗及展现。换言之，体育美的本质，即人的本源力量在体育运动实践这一特定领域内的直观体现。体育美的独特性在于，它主要依赖于人体运动来实现体质增强、身心协调发展和运动成绩提升的目的。然而，并非所有人的本源力量的展示都会转化为体育美，唯有通过体育运动实践，以生动且易感知的形式呈现，才能引发运动者和观赏者的情感共鸣，进而更好地展现体育美。

在此基础上，我们便能理解为何人们在欣赏啦啦操比赛或表演时会产生强烈的情感共鸣。在比赛或表演中，运动员通过人体运动，直观地展示出人的本源力量，如智慧、坚韧、技艺、创新、生命力等，从而带给观众喜悦，满足其精神需求，升华其情感体验，启发其理性思考。例如，技巧啦啦操中的难度动作金字塔造型，每增加半人或一人高的高度，便意味着人类征服自然的能力达到了新境界，彰显了人的力量和智慧，极大地激发了观众的精神动力和情感共鸣。尽管这些动作对普通人来说难以企及，运动员们却能面带微笑地轻松完成，这正是人的本源力量对自身形象的完美诠释，尽管困难重重，却充满美感。

二、啦啦操的美学特征

（一）身体表现美

运动员展现的身体美是其竞技实力的外在体现。身体美包括体育运动的成果，如优美的身姿、强健的体魄、均衡发展的身体素质，以及独特的气质风貌等。各类运动项目因其特点不同，对身体美的展示也各具特色。例如，艺术体操体现优雅柔美的身姿，而啦啦操则着重展现挺拔的身姿和充沛的活力。

1. 身体姿态美

身体姿态美即体形美和姿态美的综合体现。

体形美，是人类身体结构的类型美。其优劣在骨架比例、脂质储存及肌腱发展等方面深受遗传与环境因素影响。例如，啦啦操男女运动员均具备显著肌肉线条与匀称体态，以及健康有光泽的皮肤，充满青春朝气与健康光彩。

姿态美，是身体各部分所呈现出来的外部形态美的一种。良好的体态是形体美的关键要素。啦啦操要求运动员始终保持昂首挺胸、收腹立腰、肩放平、大腿与臀部紧贴、上提之姿势，并展现出健康活力、自信乐观的精神风貌。

姿态美是啦啦操评分的关键依据，对提升动作质量至关重要。这是运动员经过长时间刻苦训练与竞赛实践才能取得的成果。

2. 健康活力美

啦啦操所呈现的人体美以健康为核心，运动员红润的肌肤和旺盛的生命力令人为之赞美。这种活力四射的美感能够带给观众青春的欢愉与激昂，激发他们对生活的热情，激励他们积极进取。

（二）运动形式美

形式美是指各种事物按照一定规律组合后呈现出的审美形态。在啦啦操艺术中，展现了多种舞蹈风格，其动作设计融入了人体美学元素，技术动作追求“难、新、美”，编排新颖独特，全面体现了舞蹈风格美、动作造型美、编排创新美、形式表现美。

1. 舞蹈风格美

风格美是体育运动中体现运动员或运动队的技术、战术的特点和特长的美，其实质是技术的个性之美。啦啦操舞蹈的风格表现十分丰富，按技术类别可分为舞蹈啦啦操和技巧啦啦操。就舞蹈风格的啦啦操来说，它融合了古典、现代、爵士、拉丁、街舞、排舞、踢踏舞等多种舞蹈风格，通过优雅的姿态和动作，深刻表达了舞者的内在力量和情感，展现了舞蹈艺术的高度与深度。

2. 动作造型美

舞蹈动作的美学主要在于将身体形态与体能素质完美融合。在啦啦操表演中，演员需巧妙运用各种静态造型来诠释舞蹈，这需要经过系统而严格的训练才能实现。这些静态造型既可以展现肌肉力量之美，例如固定支撑的姿势，又可以呈现体态柔韧之韵，如侧身劈叉，甚至将两者融为一体。此外，还有诸如象征胜利的V字手势、象征力量的握拳等独特的手势造型。

3. 编排美

“难、新、美”是体育竞技运动的发展趋势之一，也是竞技啦啦操比赛的核心要素。它指的是高质量完成新颖、高难、复杂的惊险动作，从而展现出惊人的美感。在竞技啦啦操比赛中，难度、创新和美感被视为反映综合素质和评判分数的关键指标。选手们需要不断挑战自我，不断尝试新的动作组合，以展现出他们的实力和水平。另一方面，“编排美”则是指通过巧妙结合各类、各难度的动作，突显队伍特色与个体风采，从而带给观众艺术享受与美感体验。

（1）动作编排新颖美

啦啦操与健美操相似，同属技能类竞技项目。其中，成套动作编排很重要，也是裁判评分的重点。国际全明星啦啦队竞赛评分规则中对舞蹈啦啦队成套编排要求：“动作必须根据音乐来设计，具有舞蹈啦啦队的项目特点；运用各种啦啦队基本手位、步伐、跳跃，并结合多种舞蹈元素、道具、口号等，通过多种空间、方向与队形、节奏的变化展示出啦啦操运动的项目特征和团队风采。舞蹈啦啦队中出现的翻腾动作不视为难度，舞蹈啦啦队可以出现具有舞蹈主题的托举造型，但不得超过两人高，该托举造型仅作为成套素材出现。”

动作编排需要创新且便于队员与观众互动。因此，教练在设计编排时需注重目的性与科学性，同时兼顾动作形态的舞蹈造型美与外形美。尤其在啦啦操成套动作编排方面，更需要与队形、图案变化相协调，以拓展创作空间。

（2）队形编排视觉美

在啦啦操中，队形与图案具有至关重要的美学意义。作为一个团体项目，其参与者的数量通常为 6—30 人，因此可以创造出各种各样的新颖队形。这种变化能够带来独特的美感体验。编排质量直接受到队形变化的影响，其中流畅度、自然度及对比度皆为评判编排水平的重要标尺。

啦啦操队形变化不仅要新颖独特、优美流畅，还要布局合理，这样才能更好地展现动作之美，营造情感氛围，提升现场效果，同时也能激发运动员的丰富情感，使得啦啦操更具活力，达到“寓情于形，以形传情”的境界。此外，啦啦操成套动作中的队形变化次数越多，流动性越强，形成的动态立体画面也就越多，从而让人们感受到更为丰富的美感。

4. 形式表现美

啦啦操虽然本身具有一定的审美因素，如形体、动作、音乐等，但要构成整体的形式美，还有赖于按一定的法则表现出来。

（1）整齐一律美

作为啦啦操运动员，匀称的身形、优雅的举止、统一的制服和发型是必不可少的。在规定动作方面，动作的同步执行、队形的切换和谐、器械抛接的高度统一，以及高难度动作的执行一致，都展现出整饬有序且协调统一的审美。

（2）均衡对称美

啦啦操表演中的各类动作衔接及移动方向，展现出对形式美的追求；同时，动作组合及高难度动作的选择，并非仅局限于一个平面，而是在空间、地面等多个层面进行均匀分布。此外，在动作编排方面，涵盖了动力性力量、静力性力量、跳跃、柔韧、踢腿、平衡等多种元素，充分展示了身体的力量与柔韧性，使得整个啦啦操表演既整齐又富有活力。

（3）节奏韵律美

啦啦操凭借多变的动作组合，包括方向、路线、幅度、力度、速度等元素，结合音乐的韵律与节奏，展现出良好的审美效果，即富有韵律美。

（4）多样统一美

啦啦操表演充满了动作搭配的多元性，空中至地面动作转换的多变性，节拍的多层次，队列移动的多元性，以及舞蹈风格的多样性，展现出了多彩而和谐的美感，给人以富丽而纯真、生动且有序的审美体验。

（三）艺术展现美

艺术展现美是运动员将难度动作、技术动作与音乐、舞蹈、气质、服装等方面结合起来表现出来的艺术美。

1. 音乐节奏美

音乐是啦啦操的灵魂，它营造氛围、启发灵感，其特点包括节奏强烈、曲调优美、充满朝气。啦啦操比赛规则明确规定，音乐应用时，“整套动作须与音乐风格、节拍、主题相符”。只有与动作风格协调的音乐节奏才能赋予动作生命力，增强形体语言的感染力，充分展现动作内涵。同时，音乐也可以刺激视听感官，引发情感共鸣。

节奏美即有规律的重复，万物皆有其自身的运动节奏，如自然现象与人世百态。啦啦操作为艺术形式，对节奏美的要求更高，体现更为明显。选用与动作风格相符合的音乐，能够使啦啦操表演更加生动有趣，让动作和音乐融为一体，给观众带来更好的视听享受。

2. 服装装扮美

运动员的服饰装扮之美是啦啦操表演中外在美的基本要素之一。有明确的相关规定，各团队需要以多样化的手段来包装自身，才能展现最佳风貌。

（1）服装效果美

根据人体装扮美学原则，为参赛者选配合适的服装，辅以适当的妆容及独特装饰，将有助于运动员的体态之美得到更完美的展现，体现了独特的审美价值和艺术魅力。

（2）服装色彩美

啦啦操运动员多身着色彩明亮且具有膨胀效果的服装，如鲜艳的红色、淡黄色、果绿色、天蓝色等。红色作为代表太阳与火焰的颜色，被赋予炽热的情感。啦啦操表演者需要根据演出主题的需求，精心挑选恰当的色彩组合，以达到借助服装色彩传达信息、抒发感情、突显风格、彰显个性之目的，为观众呈现绚丽多彩的视觉效果与无尽的想象力空间。

（四）精神内涵美

啦啦操将各类体育赛事元素融入其中，如篮球、足球、排球、橄榄球等，利用比赛中的中场休息时段，借助音乐伴奏完成复杂的舞蹈和技巧动作，配合整齐划一的口号和丰富多样的道具，展现了团体凝聚力和精神风貌，呼唤着友善互助、团结进步的理念。

1. 口号激励美

口号是啦啦操的重要组成部分之一，来源于学校、队伍的名称，甚至包括啦啦队的吉祥物、标志、图案，以及校训等。它的作用在于活跃比赛现场的气氛，引领观众尽情助阵，为所支持的队伍鼓舞士气，使选手坚定信心，保持谦虚谨慎的态度，顽强拼搏，勇往直前，夺取最终的胜利。

2. 意志品质美

意志品质是个体的一种重要特质，包括目的性、自觉性、自信心、坚韧力、自控力，以及勇敢刚毅与独立自主等方面。这些品质在克服困难的过程中得到体现，在面对挑战的过程中得到培养和强化。在啦啦操运动中，运动员在训练过程中需要面对各种困境，包括挑战体能极限、克服运动引起的疲劳和伤痛等。这就要求他们具备坚定的信念和必胜的决心，在不断克服困难的同时培养出优良的意志品质。

3. 团结进取美

赛场上的啦啦操以团队形式出战，反映了团队精神的实质。队员们需要高度协调、紧密配合，才能确保整个团队成功。如果只是追求个体的表现，而缺乏集体意识，那必然会削弱团队的战斗力和凝聚力。在啦啦操表演中，整齐划一的手势、口号及动作彰显了团队的积极进取。每位队员都应该始终秉持团队精神，并将其传递给周围的人，让他们感受到这股力量的感染。

三、啦啦操的审美价值

美是源自价值领域的，人与外界的审美观照构成了一种重要的价值关系。“审美价值的本质就是审美实践中的客体主体化，客体对主体的效应、功能是价值的实际内容。”在啦啦操这一运动项目中，审美价值主要体现在满足社会群体和个人创新需求上。其价值不仅在于创作者的自我实现，更在于其深厚的文化底蕴和深远的社会意义。

（一）啦啦操审美价值的内涵

1. 啦啦操审美价值的大众需求

（1）审美需求的提高

在全球经济和科技的变革影响下，人类生活正迈入全新的时代。在这个背景下，人们对生活品质提出了更高的要求，不仅追求物质上的丰富，更注重精神层面的提升。因此，现代社会对美的需求日益强烈，各种实用产品需要同时具备实用性和美学价值。遵循美的原则来美化环境、产品和生活已经成为国际潮流。

为了满足现代人日益增长的审美需求，许多富有审美特性的运动项目应运而生，如艺术体操、冰上舞蹈、花样游泳、健美操，以及备受年轻人欢迎的啦啦操等。啦啦操所展现的美具有多元化的特点，包括体态美、肌肉美、毛发美、肤质美、行为美、动作美、技艺美、服饰美、器械美、造型美等。它不仅能够满足观众的视觉享受，还能够满足其精神需求，给人们带来愉悦和心灵的满足。

（2）生活娱乐化的审美趋向

随着高科技的发展，生产生活的自动化程度日益提高，人们的体力活动量逐渐减少。虽然工作时间变短，休闲时间增多，但高效的工作和快节奏的生活方式仍然给我们带来了精神压力。因此，人们需要寻求各种各样的运动方式来放松身心，比如登山、散步、钓鱼、跳舞等。

在娱乐时刻，人们需要轻松愉快的活动来缓解工作压力，而体育休闲娱乐就是其中积极的方式之一。此外，参加与体育相关的文艺活动，如观赏体育电影、聆听体育新闻、欣赏体育比赛和表演等，也是必要的。啦啦操作为一项具有娱乐价值的运动，恰好能够满足人们的需求，让人们在娱乐中感受身心愉悦，从而缓解压力。

2. 啦啦操审美价值的理论基础

审美价值源于客体对主体产生的效用及功能，而美则为客体与主体本质力量互动所产生的独特愉悦效应，即对主体的特殊影响。若欲理解啦啦操之审美价值，首先要把握审美主体与审美客体。

（1）审美主体

啦啦操的审美主体是多元化的，包括运动员、教练员、裁判员及观众等。针对不同审美主体的需求，所呈现的客体具有特定的价值。然而，这种主体内在尺度所设定的主观价值未必能够真实反映客体的特质，因为客体对主体的影响也是一个重要的因素。作为审美主体，在啦啦操审美实践中要取得积极的效应，必须具备以下几个条件：

第一，具有健全的、社会化的审美感官。

啦啦操中任何美的欣赏都需要具有健全的审美感官。与视觉艺术如绘画、建筑等不同，音乐和啦啦操等运动艺术对听觉和视觉产生不同程度的影响。啦啦操的美学体验主要从感知觉出发，其中视觉、运动感知、肌肉感知及平衡感知等起着主要作用。感官障碍可能会导致感知能力下降，从而影响对啦啦操美的欣赏。举例来说，盲人可能很难体验到绘画的美，尽管他们可以通过语言符号和听觉来理解，但与正常人相比，仍然存在一定的差距。啦啦操是一种综合性艺术，其表演现场充满活力，引人入胜。如果缺乏视觉参与，就无法完全领略到运动员身姿的美感。因此，拥有健全的感官对于欣赏者来说至关重要，它们为人们提供了更全面、更深入的美学体验，使他们能够更好地理解和欣赏啦啦操艺术的魅力。

第二，具有必要的审美修养。

观赏啦啦操需具备一定的审美修养，这包括基础知识、运动实践、生活阅历及文化素养。在同一场比赛中，美感也因观赏者的审美修养水平而异。体育赏析实际上是一种心理过程，其中融合了幻想与观察、感知与再创作的元素。只有深入参与其中，才能真正体会到美的感受，这就需要具备审美能力。

观赏一场啦啦操比赛，没有运动经验的人可能只能看到选手快速转换动作、步伐轻盈、手臂挥动等，对他们的表现感到惊叹；而了解内情的人则可以通过观察选手步伐的轻盈来推断他们腿部肌肉的力量，通过移动的位置来推测他们使用了什么样的步伐，以及他们的上肢和下肢协调配合在动作完美完成时所呈现出的特点。

第三，要有一定的审美心境。

个人的情绪状态对其行为产生深远而持久的影响，情绪状态的多样性使得五官感知美受到影响。这是因为情感状态会导致大脑中的表征发生变化，想象力和感知的激活程度也会随之改变，从而产生不同的主观感受。

观赏啦啦操也需要良好的审美情绪。如果心情不佳，即使观看最精彩的比赛，也会觉得乏味，丧失对美的兴趣。同一个人在不同的情绪状态下，对同一个审美对象的感受可能完全不同。原本喜欢有氧运动的人可能会转而喜欢瑜伽，而热衷普拉提的人可能会迷恋有氧拉丁舞，这完全取决于特定的情绪状态。心情不好无疑会影响对体育美的欣赏。正如马克思所说："忧郁的穷人，即使置身于美景之中也会无动于衷。"这表明审美需要适宜的情绪状态，而情绪状态又受到生活环境和物质条件的限制。只有满足了基本的物质需求，才会产生对审美的需求和相应的情绪状态。情绪虽然影响审美感受，但无法决定审美对象的美丑或价值高低，因为审美对象是客观存在。

第四，具有正确的审美观。

正确的体育观赏审美观源于其体育之美的本质与特性。体育美的核心在于人体内在潜能在运动过程中的显现，这种美感具备社会发展所需的正面、进步的特征。反之，那些与社会发展背道而驰、无法满足人类创造性需求的运动则难以被视为美丽。体育作为一种自我认知及被他人理解的有效方式，在不同程度上丰富了我们对美的体验。

在啦啦操竞赛中，选手们的体态之美、技巧之美、风采之美得到了淋漓尽致的展现。他们展示出的素质、技艺、团队融合力及意志品质皆令人赞叹不已。观众也因此情不自禁地为其欢呼喝彩。然而，若在比赛中出现违规行为，或忽视体育道德与赛场纪律，那么观众自然不会给予掌声。因此，正确的审美观对于体育美的创造与欣赏具有重要指导意义，能够引领大众审美方向，规范审美感受。

（2）审美客体

在啦啦操中，选手不仅是实践的主体，同时也是审美观赏的客体，展现了主客统一的特性。其次，选手在实践中取得的优异成绩使他们既成为创造者，也成为欣赏者，更是体育美感的体现者。对于啦啦操而言，在创造体育美与审美体验的过程中，运动主体的实践、认知、创新及评估是一个有机整体。

3. 啦啦操审美价值的理论内涵

审美价值是指主体与客体之间相互作用所产生的效果和效益。这种关联不仅是单向流转，更是一种往返互动，即由客观事物向主体反映再反馈回物本身。在这一过程中，主体对客体的影响展现了主体欲望的现实化，传达了价值理解、评估及创新的特质，彰显了主体的本质力量；而客体的美感讯息作用于主体，则成为主体本质力量的内化象征，代表着价值实现与验证的过程，展示了客体对主体生存发展、完善的影响力。审美价值的实质在于审美实践中的客体主体化，即客体的属性规律作用于主体，转化为主体的本质力量，从而使主体得以改造、充实并发展壮大。而客体对主体的效应则是客体主体化的成果、表现或功能，是价值的实质内涵。这种功能主要体现在审美价值的愉悦效能、宣泄效能、创造效能及解放效能等方面。

（1）愉悦效用

愉悦效用指的是人体感官的舒适度，以及对欲望和兴趣的满足，这是一种无须通过理性思考或批判的纯粹感官享受。在欣赏啦啦操的过程中，人们既充当审美主体，又扮演着客体的角色。运动员通过独特的节奏和方向变换，为观赏者带来美感享受。在观众深入思考之前，运动员丰富多样、充满活力的动作表演就已连续不断地呈现，极大地满足了观众的视觉和听觉需求。尽管审美情感源自感官快感，但实际上它是一种超越生理快感的精神升华，是由审美对象刺激引发的神经反应，与其他已形成的第二信号驱动的神经过程相互作用，从而产生主观体验。其中蕴含着理性和社会性，使审美主体在内心深处受到触动和启示。

（2）宣泄效用

情感的宣泄效用常常揭示了更为广泛且深入的社会内涵。观赛者通过体育竞技中卓越的人体能力的比拼、技艺的展示、意志力的较量，不时在胜利时刻欢呼雀跃，对精湛技艺赞叹不已，而在失败时感到遗憾和惋惜，以此表达与这些情境紧密相连的喜怒哀乐。体育审美客体作为情感宣泄的“坐标”，使得情感表达更为充分。同时，这种情感的释放也激励了成功者的进取心，鼓舞了失利者的斗志，激发了平凡者的竞争意识，唤醒了冷漠者的生活热情。

（3）创造效用

创造效用主要服务于实现人类的目的需求。在体育活动中，人们通过构建动作组合及运动形式来感受大自然之美，同时也运用自身动态感知各类美感，以此创造出符合审美体验的运动技术和策略。这种创新性的审美方式在客体主体化过程中塑造了世界，并在主体客体化过程中持续改变自我。体育审美作为独特的精神生产，其消费过程并非简单的商品消耗，而是一个持续创造新主体的过程。主体的持续创造推动了按美的规律建设世界的实践，使得人们在体育审美活动中得以通过自然景观和人体肢体的互动展现出优美的姿态。人们的想象力在广袤的时空中自由翱翔，能动性在审美情境中充分体现。

（4）解放效用

在现实生活中，人们常常为世俗功利所累，难以自拔，失去了人之本性自由。然而，透过体育活动，我们能够暂时摆脱这种束缚。通过参与啦啦操等体育活动，我们可以借助审美理想、感知能力、想象力、创作力，超越对现实功利的追求，冲破物质的桎梏和教条的束缚，实现精神的解脱和理性的提升，进而激发审美主体的想象力。

总的来说，啦啦操旨在美化人体，提炼其精华，通过优美、和谐的方式展现出来。其审美价值不仅在于满足人们的精神需求和情感宣泄，更在于促使个体不断创新，最终在审美过程中展现出人的本质力量。通过啦啦操等体育活动，人们可以丰富并提升自己的精神生活的深度和广度，体验到审美的愉悦，从而达到身心平衡与提升的目的。

（二）啦啦操的审美价值分析

啦啦操审美价值的实现确实包含了主客体相互转换的过程，这一过程本质上表现为主体客体化与客体主体化的互动。在审美体验中，观赏者作为主体与啦啦操表演作为客体之间发生着双向的影响和互动。然而，从主客体对象性关系的角度看，啦啦操的审美价值主要体现为客体主体化。客体主体化意味着在主客体的交互作用下，客体对主体的本质力量产生影响，进而促进主体的生存、发展及完善。在啦啦操表演中，观赏者通过欣赏运动员们的表演，感受到他们展现出的团队合作、自信、活力等正能量，从而受到鼓舞和启发。这种客体对主体的影响，不仅仅是简单的审美体验，更是一种对生活态度和行为方式的引导和塑造。以下以普通大众为研究视角，分析啦啦操审美价值的客体主体化过程。

1. 在审美体验中感受生命的活力与激情

审美体验即观赏者在审美过程中感受到运动员的内在价值的一种体验。其特点在于审美过程中主体与客体相互渗透，达到物我合一之境，在这一过程中，观赏者不仅是观看，而是与所观察的对象进行一种心灵上的互动。这种互动使得观赏者的心理状态得以演进，同时也影响了对审美客体的理解和塑造。

（1）啦啦操展示的健康活力之美

啦啦操表演借助统一动作、鲜艳道具，以及丰富的队形变化与空间技巧，传递积极向上的生活理念与乐观自信的形象。

经过长时间系统训练的啦啦操运动员无疑是个人健康形象的

代表，他们塑造出的匀称、协调、美观的身材，足以让人感受到健康之美。运动员在场地上迅速舞动之际，充满活力的青春气息深深感染了观众。

（2）啦啦操展示的力量之美

力量美被誉为人类最古老且重要的审美对象之一。对于早期人类而言，无论是寻觅食物、搭建住所、与野兽搏斗，还是规避自然灾害，都离不开强大的力量支持。在拉丁语中，“美丽”这个词最初的含义便是力量和勇气。这种对生命力和力量的追求，成为原始美学的核心所在。在中国古代神话故事中，关于力量美的描述随处可见，例如“盘古开天辟地”“精卫填海”等叙述，无不彰显了人类挑战自然的决心和力量。

在啦啦操运动中，力量美主要体现在运动员强健、匀称、有力的身体形态上，以及他们在各类肢体动作中所展现出的瞬间加速和精准制动。例如，在舞蹈啦啦操中的跳跃动作中，运动员在空中的姿态优美、干净利落，落地时轻盈稳定，脚尖先触地，充分展示了他们既具备力量又具备柔韧性的特点。再比如，在技巧啦啦操中的高难度动作——金字塔造型中，每增加一层半人或一人高的高度，便意味着运动员挑战自我的能力达到了新的高峰，这不仅展现了人类的力量和智慧，也能激发观众内心深处的力量感和自豪感。

2. 在审美体验中愉悦身心、提升自我

审美过程既是自觉的，也充满乐趣。这种愉悦感受不含功利主义，只是纯粹的精神放松，不受其他欲望驱使。然而，娱乐作为美学体验的另一面，同样具有目的性。人们在娱乐中也可以得到知识上的启迪。娱乐内容涵盖了悲剧、喜剧、竞技游戏、音乐舞蹈等多元化的元素。娱乐源自人类追求快乐、释放压力的本能。

娱乐在人类生活中扮演着不可替代的角色。人类享受娱乐的需求，如同对食物、衣物、住房及交通工具的需求一般自然。人们在繁忙的工作后，渴望通过娱乐活动来舒缓身心、消除疲惫。英国哲学家赫伯特·斯宾塞曾言："当人类完成了基本的生存任务后，剩余的精力主要用于娱乐。"在现代社会，随着生产力的提高，大部分人都能享受到工作与休闲的平衡。文化的繁荣使得娱乐形式丰富多样，对外交流也更具刺激性和娱乐性。因此，娱乐已成为许多人日常生活中的重要组成部分。

在快节奏生活中，人们需要借助娱乐活动来寻求放松和休闲。现代美学认为，娱乐不仅能带给我们快乐，充实生活，缓解疲劳，促进身心健康，更有助于提升审美素养和艺术鉴赏力。人类作为高级生物，情感需求是其基本特性之一。即便在高度现代化的社会，人们的情感需求仍将持续增长。多样化的娱乐形式能够触动各类情感，引发共鸣，将具有相似心态的消费者聚集在一起，形成一个跨越时空界限、心理距离极近的虚拟社群。娱乐不仅缩短了产品与消费者间的距离，同时也满足了现代人对归属感的追求。

啦啦操表演以其独特的魅力为观众带来视听盛宴。人体形态美象征着健康、力量，通过肢体语言展现出匀称的身材、健康的肤色、优美的线条、健美的肌肉、灵活的动作，以及热情洋溢的个性特质，让观赏者在视觉上领略到自然之美。除了基本的生理需求，人类还存在精神层面的需求，这是人类特有的精神诉求。当前文化趋势呈现出明显的世俗化倾向，从强调道德教诲的禁欲式文化转向承认并尊重人的多元化需求。审美型娱乐能够满足不同人群的多元精神需求，因其调适世俗心理的功能而具有合理性。

3. 在审美教育中树立健康的审美意识、完善自我

美育，又称审美教育，有狭义与广义之分。广义的美育涵盖了自觉与非自觉的各类审美活动的育人功能，以及社会各界有目的、有计划的审美培养；狭义的美育特指与智育、德育、体育等并列且独具特色的教育方式。

在啦啦操表演中，多元主体参与其中，如运动员、教练员、裁判员、观众及其他公众。在审美实践中，相应主体既是行为执行者也是受教育者。其所受到的影响及其程度取决于其自身审美能力及品位的高低。然而，在审美教育中，施教者积极引导受教育者发挥主观能动性，深入理解审美对象的内涵。受教育者越投入审美对象所构建的审美境界，越能得到更丰富的感官体验。然而，审美教育与审美活动的区别在于，这一切都是在施教者精心策划、巧妙设计与有意调控之下有条不紊地进行。因此，相较于普通的审美活动，审美教育能够更加充分地展现审美对象的特质，让受教育者接受更清晰、稳固且长久的教育。

（1）发挥教练员的主导作用

作为导师，提升美学素养是至关重要的，这有助于更有效地主导教学。我们需要深入了解体育美学，并在教学与训练过程中强调美育。针对啦啦操，教练需要具备扎实的舞蹈功底和艺术修养，能够迅速把握时尚动态。首先，用优雅的语言、充满活力的举止、端庄得体的穿着，为学员树立美的榜样。其次，示范动作需美观动人，讲解需准确精细，营造出美好形象，使运动员更快领悟技术动作，同时也能传递美的感受。最后，训练应以身体舒适为原则，因为运动后的愉悦感会激发积极情绪，这种情绪的持续将使运动员在表演时充满激情，充分展现最佳状态，从而吸引

观众的目光，引发共鸣。

此外，教练还需在思想品德方面融入美育，即培养运动员的人文美。在训练或比赛中，运动员要具备高尚品德，摒弃傲慢、粗鲁等不良行为，养成坚韧、谦逊、有礼、团结等优秀品质。一名卓越的运动员不仅要有精湛的技艺，还需具备深厚的文化素养和道德修养，如此方能展现风采，给予观众美的享受。

（2）培养运动员对美的感受能力和表现能力

对于运动员来说，最重要的是感受性。在运动训练中，例如啦啦操技巧的提升，需要依赖于精准、生动的动作想象和直观感知。若运动员的感知能力不足，他们理解动作的速度会受到影响，从而影响到训练效果。提升感知能力的有效方式之一是参与审美活动，通过反复体验美感，显著增强感知能力。审美活动有助于培养运动员的灵活性，加快其反应速度。丰富的感知源于高尚的情感，也可通过审美活动来实现。

拥有良好的感知能力的运动员还应接受全方位的审美教育，以提升其对美的表达能力。所谓表现力，即经验赋予某种形象，唤醒内心其他形象的能力。运动经验有助于发展表现力，使之成为审美价值的一部分。运动员所展现的人体美、运动美、服装美，都能让观众在观赛过程中获得审美享受，得到美的熏陶。

（三）啦啦操审美价值对社会、经济、文化教育的影响

1. 啦啦操的社会功能价值

（1）信息社会的兴起改变了人们的工作方式和生活习惯，电脑和机械控制成为主流，人与人之间的交流也更多地依赖于互联网平台，这导致了人们情感的真实需求被忽视，人际关系变得

更加冷漠。虽然科技缩短了地理距离，却加深了心灵上的隔阂。因此，我们迫切需要一种方法来打破这种僵局，重新建立和谐的人际关系。

啦啦操作为一项集体运动，强调团队精神，能够自然地将人们聚集起来，塑造新型的人际关系，突破传统交往的束缚。在训练或比赛中，队员们的默契配合和互相帮助展现了人际关系之美的真谛。为了实现共同目标，队员们需要进行团队协作，相互支持，并指出彼此的不足之处，这些都体现了互信和友善，彰显了人际关系的珍贵性。

（2）促进和谐社会的发展

啦啦操运动对人体的极限挑战不仅可以锻炼意志力和心理耐受力，促进个体的身心健康，而且对人的全面发展具有积极影响。按照马克思主义全面发展理论，人的全面发展应包括体力和智力的协调增长、综合能力的全面提高，以及个体性格的自由发展。体育作为一种社会活动，以人为载体，以运动为媒介，其宗旨在于培育身心健康、全面发展的人才。此外，体育还能为人们带来欢乐，便于宣泄情感，增进团队凝聚力，为社会稳定、进步和发展注入活力，进而推动社会和谐发展，彰显了其在构建社会主义和谐社会中的关键作用。

2. 啦啦操的经济功能价值

（1）提升体育产业的经济价值

NBA 作为全球最具影响力的体育组织之一，经过 60 年的发展已经在篮球技艺创新和商业领域取得了巨大成功。其中，现场精彩的啦啦队表演功不可没。啦啦队表演不仅为比赛增添了视觉上的吸引力，也成了商业策略中的重要一环。啦啦操的发展与体育项目如篮球、橄榄球等协同，不仅带来了经济效益，还为相关产业的发展带来了更多商机。首先，举办啦啦操比赛或表演能够带来场馆门票收入、广告牌租赁收益，以及媒体转播等多重经济利益。其次，啦啦操培训、服装、音乐等领域蕴含着巨大的市场潜力。以中国为例，每年举办的大型啦啦操赛事和训练营吸引了众多在校学生参与，对专业教练、管理人员和辅助人员等人力资源的需求也日益增长。此外，定制混合啦啦操音乐，啦啦操相关服装、道具等更是形成了庞大的产业链。很多公司通过电商平台销售这些产品，而一些赞助商则利用啦啦操的独特表现形式来提升其产品的知名度，如口号、标语、横幅等。因此，啦啦操的繁荣发展不仅创造了更多的社会就业机会，还推动了相关产业经济的发展，进一步推动了体育产业的蓬勃发展。

（2）促进健康的休闲消费行为

人们最基础的消费是满足日常实体需求，但随着生活品质的提升，人们逐渐转向享受型消费模式。因此，各类休闲场所如酒吧、KTV 和咖啡馆等迅速兴起，以满足大众休闲减压的需求。经济的快速发展和人们身体素质的日益弱化形成了明显反差，因此人们越来越重视健身运动。健身不仅有助于维护身体健康，还能满足生理和心理需求。自 20 世纪 90 年代以来，我国盛传“储蓄金钱不如储蓄健康”的理念，各种健身方式也逐步国际化。

但是传统的健身形式较为单一，难以引起大众的兴趣。这为创新运动方式，如啦啦操，提供了广阔的发展空间。啦啦操超越了单纯的身体活动，具备独特的存在价值和乐趣，使人们在运动过程中身心得到全面放松，实现身心和谐的理想状态。随着啦啦操队伍的不断壮大，众多企业积极鼓励员工参与此项活动，吸引了各个年龄段的爱好者加入，形成了一定规模的消费群体。如今，啦啦操不仅仅是一种休闲消费行为，更成了一种社会文化现象，成为精神文明建设的重要组成部分。

3. 啦啦操的文化教育价值

（1）激情洋溢的娱乐文化

啦啦操作作为一种自愿性娱乐活动，反映了人们对快乐的追求和积极参与的渴望。啦啦操从最初的助威活动演变为竞技赛事，直至如今广受欢迎的竞赛项目，因其本质上属于一种“娱乐”性质的运动，无须击败对手，只要全身心投入即可。因此，无论表演还是比赛，队员们总能营造出热烈充满激情的气氛。

（2）自我张扬的个性文化

啦啦操源于美国，其个人主义色彩使得啦啦操表演中的个性化特征得以充分展现。这种个性化特征使团队成员能够勇敢展示自我，实现自我超越。明尼苏达大学的约翰尼·坎贝尔因具备强烈的个性特点，成功担任首任正式啦啦队队长，足见其个性与啦啦操艺术特质的完美契合。

在啦啦操表演中，嘹亮的口号、多样化的空翻跳跃、热情的舞蹈、富有节奏感的音乐融合在一起，形成了多姿多彩的罗汉造型。每个动作都是独具匠心的，充满了情感表达和个性彰显。整个场面犹如一幅由多元个体共同演绎的画卷，展现了啦啦操团队的凝聚力和个体的独特魅力。因此，啦啦操运动对于塑造个体人格发展具有独特价值。

（3）融合多元审美文化

现代啦啦操已经不再局限于传统的体育活动，而是演变成了一种综合性艺术表现形式，融合了体育和表演艺术的精华。它不仅关注动作的技巧和力量，更注重舞台舞蹈艺术、服饰设计、整体视觉效果，以及现场观众的反应。它不论作为表演还是竞技活动，参与者都能够从中领略到丰富的美学元素。通过欣赏和参与啦啦操，人们可以净化内心，提升审美能力，陶冶情操。

（4）提升社会道德文化

啦啦操队员需要遵守各种行为规范和礼仪，这不仅是体现团队素质的重要方面，也是向社会传递积极健康的形象的基础。在思想方面，他们应当倡导和平，扮演全球和平的使者角色；保持积极乐观、健康向上的生活态度；具备坚定的信念和毅力；关心和帮助他人，充满爱心。在行为方面，他们应该展现优良的体育道德风范，公平竞争，不因胜利而骄傲，不因失败而气馁；注重团队合作，乐于帮助他人；以身作则，用实际行动引领示范。这些规范不仅树立了公众行为的准则，也提升了社会道德的整体水平。

第二节 啦啦操编排的基本理论

一、啦啦操编排的基本依据

所谓“编排”，就是将杂乱无章的元素按照既定的规则和顺序进行有序排列和安排的过程。其关键在于根据特定需求，使所涉及的事物、项目或信息达到井然有序的状态。

啦啦操编排是一个综合性的创作过程，融合了多种元素，包括舞蹈动作、技巧动作、衔接动作、器具运用、口号、音效、服装搭配队形等。其目标在于创造出具有审美意义和团队协作精神的全套动作及组合，以展现团队的整体实力和艺术水平。

以下是啦啦操编排的五个要素，它们相互依存、紧密相连，共同服务于编排工作的实践阶段。在编排之前，编排人员需要明确整体的目标和任务，基于团队成员的实际情况，全面考虑表演场地和环境条件，制定主题和设计风格。同时，对于竞技性啦啦操，编排工作还必须严格遵守比赛规则，以规则为依据。

（一）以不同的目的任务为编排依据

啦啦操的编排旨在明确其目的，无论是用于参赛还是演出。在这一背景下，编排者需确立清晰的主题和风格。对于竞技啦啦操而言，其首要目标在于争取优异成绩。因此，编排者需要侧重于运用规范的动作和技巧，最大限度地展示团队的技术水平和表现能力；而表演性啦啦操的主要目的在于营造气氛、调动情绪、与观众互动、进行宣传等。

（二）以本队队员个人特征为编排依据

个人特征包括队员动作完成能力、性别、年龄、体形、性格特征等方面。在编排过程中，编排者需要发掘每位队员的优点，了解他们在动作执行力、柔韧性、舞蹈技巧等方面的特长。这样可以让编排更加针对性，让每位队员在表演中发挥出最佳水平。

（三）以场地及环境设施为编排依据

任何一个体育运动项目对比赛、训练、表演的场地和环境都有一定的要求，啦啦操亦不例外。编排人员在策划之前必须首先了解场地的特点，包括舞台结构和观众的观赏视角。只有明晰了这些因素，才能根据实际情况精心挑选背景音乐、编排动作、构思道具和口号。

（四）以啦啦操风格多样化发展为编排依据

啦啦操已经成为全球范围内的体育赛事之一，目前，美洲、欧洲、亚洲、大洋洲、非洲的100多个国家与地区加入了啦啦操这个大家庭。在吸收各国本土文化和舞蹈风格的影响后，啦啦操实现了地域与民族元素的交融，向着多元化的形式迈进。这一发展趋势为编排者提供了更广阔的创作空间。近年来，啦啦操逐渐摆脱了美式风格的束缚，转向推崇民族化和个性化的方向。以北京奥运会为例，富有浓郁民族韵味的剑舞、藏舞、京剧水袖舞、长绸舞、苗族舞等主题啦啦操，通过运用具有浓厚民俗文化气息的音乐和服装，巧妙地将中国传统文化与啦啦操相融合。这样的创作展示了一场独具中国特色的现代、时尚啦啦操盛宴，向世界展示了中国文化的魅力和多样性。

（五）竞技性啦啦操应以竞赛规则为编排依据

在竞技性啦啦操中，遵守竞赛规则是确保参赛队伍取得优异成绩的关键。啦啦操竞赛规则对啦啦操成套动作的编排有着明确的规定和要求。因此，我们认为啦啦操竞赛规则是竞技性啦啦操编排的“法定依据”，指引着竞技性啦啦操编排的方向。啦啦操编排者在设计比赛套路或组合时，必须充分理解这些规则，并严格依照规定进行创作。只有这样，才能避免出现无谓的失误，确保编排的动作合乎规则要求，从而为参赛队伍赢得更好的成绩提供保障。

二、啦啦操编排基本原则

（一）统一性原则

统一性原则要求啦啦操在动作、音乐、服装、道具、口号等方面都必须与主题和风格相一致。

啦啦操表演主题犹如人的大脑主导全身运动一样，是整个操舞的核心指导，其重要性贯穿于整个表演过程。无论是音乐、动作的选择，还是服装、道具、口号的设计，每一个环节都需要紧密配合，相互呼应，围绕主题展开。只有确保各个环节的统一性，才能使啦啦操表演呈现出整体的和谐与一致。

（二）安全性原则

啦啦操尤其是技巧啦啦操，往往有一些惊险场面（如抛接、金字塔等），这些动作能够产生视觉冲击，但也伴随着潜在的严重伤害风险，甚至可能危及运动员的生命。据统计，国内外每年都发生啦啦操运动员受伤事件。因此，在编排啦啦操节目时，必须以每位运动员的实际能力为基础，并从安全角度出发。设计的动作应该适合运动员完成，不应超出他们的技术能力范围。这样可以最大限度地减少伤害事故的发生，确保运动员的安全。同时，建立严格的安全标准和规范，对动作进行充分的测试和训练，提高运动员对潜在危险的认识和应对能力，也是至关重要的。

（三）创新性原则

创新是推动发展的永恒主题，为展示高雅美的项目注入了活力与生机，也成为啦啦操编排中至关重要的原则。该原则强调，啦啦操编排应当具有独特的立意和鲜明的风格，兼顾前瞻性的发展视野和时代气息的展现。

在主题设定、动作选取、乐曲编辑、队形变化及挑战性动作的探索等多方面，啦啦操编排都应坚持创新理念。只有不断创新，才能使这一体育项目中的“新秀成员”得以更好地发展和进步。

（四）艺术性原则

啦啦操既是一个体育竞技项目，又是一种独特的艺术形式，它融合了体育与艺术元素。通过人体动作展现情感表达，运用肢体语言、音效、色彩等手法，引发观众视觉、听觉和心理层面的共鸣。

在编排啦啦操时，必须强调其艺术性，注重整体结构、音乐节奏与动作节奏的和谐。这意味着要精心设计每个动作，使之与音乐的旋律和节奏相契合，同时保持表演的流畅连贯，让整个表演高潮迭起。

三、啦啦操编排要素

啦啦操融合了视觉和听觉的双重感知，其表现形式主要体现在动作设计、服装搭配及道具呈现等方面，同时结合有声元素，如音乐、口号的运用，以强化整体形象。完整的啦啦操应具备吸引眼球和抓取耳膜的能力，成功引导观众全情投入。

啦啦操编排由七大要素构成，分别为动作、音乐、时间、空间、服装、道具及口号。这些要素相互关联、相互作用、相互限制、相互依赖，共同构建起完整的啦啦操表演体系。

如将啦啦操比作翱翔天际的鸟类，那么音乐如同鸟头，动作构成躯干，时间和空间则为双翼，服装象征华丽羽衣，口号则代表优美歌声，道具则可视为鸟腿上的标识或身上的彩带。这些元素共同构成了啦啦操的功能性结构，而口号与道具则进一步提升了表演的观赏性。

（一）动作要素

有效的啦啦操套路主要由多个动作及连续动作组成，涉及全身或局部肢体运动。动作要素作为啦啦操编排的核心元素，其质量直接影响表演效果及比赛成绩。啦啦操动作分类众多，包括技巧类、舞蹈类、过渡与连接类等，有难度动作与非难度动作之别。

按照竞赛规则，啦啦操难度动作需在规则难度表列出，规则未列或超标的动作不计难度分值。针对不同赛事，难度动作认定标准各异，需参照相关评分规则。

在啦啦操动作编排中，竞技性啦啦操需遵循规则对难度动作及非难度动作的具体要求。相比之下，表演性啦啦操由于无规则束缚，拥有更高的自由度，可选动作范围更广。竞技性啦啦操难度动作亦可应用于表演性啦啦操，表演性啦啦操甚至可编排超出现行竞赛规则的动作。

1. 啦啦操动作要素库

（1）技巧类动作

啦啦操技巧动作一般由三个基本位置的队员共同完成，他们是底座、尖子、保护者。

底座负责支撑和抛送尖子，通常由体力充沛的队员担任。在纯女性啦啦队中，常由两名或多名队员共同承担此职责，而在混合技巧小组中，男性通常是底座的首选。底座的工作包括提供支撑、抛送和协助尖子完成动作。

尖子需要在底座的协助下完成站立、支撑、平衡和飞行等动作。他们的动作包括各种下法，如直接还原、后倒下、抛下、转下等，其中转下还可以细分为正转下和反转下，并依转体周数分为360°、540°、720°等不同形式。尖子的下法包括双脚落地和自由下落摇篮式接。

保护者又分为后保和前保。后保位于底座和尖子之后，主要职责包括保证技巧动作顺利进行，如遇突发状况能够接住尖子，减轻底座负担，使技巧小组更为稳定，以及确保尖子安全着陆。前保的职责与后保相似，但常常应用于年轻或经验欠缺的队伍中。他们的存在增强了整个团队动作完成的安全性和稳定性。

啦啦操技巧类动作包括倒立、滚翻、抛接、托举、金字塔这五种类型。

①倒立类动作

倒立类动作主要有手倒立、头手倒立、头倒立等。

②滚翻类动作

啦啦操中的滚翻动作是一项展示选手综合技能的重要环节，注重美观性和技巧性。这些动作通常可以分为行进间和原地两种形式，包括滚翻、手翻、空翻。评价这些动作的优劣时，通常会考虑参与人数，以及视觉观赏性。参与人数的多少往往代表着队伍整体实力的强弱，因为需要更多的团队成员来协作完成复杂的动作，这显示了团队的默契和协作能力。

③抛接类动作

抛接是指啦啦操队员将队友抛出、空中翻跃再接住的动作，是技巧啦啦操最具惊险性和最让人眼花缭乱的动作。

抛接动作通常由双人或多人共同完成，包括抛出和接住两个步骤，形式多种多样，包括抛接、连续抛接、跳起接住等。在整个抛接过程中，技艺娴熟的尖子需要完成空中旋转与翻滚等高难度技术动作，而协助他的底座伙伴则负责提供支撑力量，确保他获得充足的腾空之势，以便完成旋转或翻滚，同时需要在其落地时提供安全保障。

④托举类动作

托举是指尖子的身体重心被一人或多人托起离开地面的技巧动作。这种技术最初出现在啦啦操比赛中，旨在与远处观众互动，后来逐渐演变为衡量团队技术水平的重要指标。托举的难度和完成质量反映出整个团队的实力，尖子的飞跃次数越多，团队实力越强。

依据尖子与底座的位置关系，托举技法可细分为髋位托举、肩位托举、高臂托举；按照底座人数划分，有单底座托举、双底座托举和多底座托举；根据尖子支撑腿的数量，又可分为单腿托举和双腿托举。

⑤金字塔类动作

金字塔动作是指一个或多个尖子由一个或多个底座支撑而形成的金字塔形状的托举造型，在我国也有人称之为“叠罗汉”。作为能引起观众热烈反应及增强团队凝聚力的表演方式，这无疑展现了队员们集体协作的出色本领。队员们拉手相连，便可构筑起简单的金字塔结构；若将单人托举元素融入其中，即可塑造成更为繁复的金字塔托举；至于更为精妙的多层次金字塔，则是通过第二层队员在空中充当底座，进而堆叠出更高一层的上层。

金字塔可细分为两层与三层两种类型，依据其所占空间高度，又可划分为一人半、两人、两人半高的金字塔。为确保队员安全，目前最多仅允许搭建至三层且高度为两人半的金字塔，尖子的安全由前方与后方的保护人员共同负责。

（2）舞蹈类动作

啦啦操舞蹈类动作包括头部动作、上肢动作、下肢动作、躯干动作。

①头部动作：啦啦操头部动作包括头部的屈、转、绕环等动作。

②上肢动作：啦啦操上肢动作涵盖了手部、前臂和上臂三个部位的协调配合动作，展示出啦啦操的特色，其中包括 32 位手臂动作，以及手臂的各种摆动、振动和旋转等。啦啦操上肢动作要求完成动作明确、力量充足、制动迅速，在最短时间内完成向下一个动作的转变，且在动作转换过程中，要避免出现多余或无控制的形态，即不要有不符合动作要求的额外动作或姿势出现。

32 位手臂动作：啦啦操 32 位手臂动作是啦啦操特有的，队员手臂随着节奏摆出 M、V、T、X、A、L、K、R 等字母形状，要求动作整齐划一、干净利落。

手臂波浪：波浪动作以其柔软的律动、富有活力又不失弹性的内在感受，以及外部多层次的曲线，创造出完美的造型和极具吸引力的表现。手臂波浪动作起始于身体的近端，通过肩、肘、腕、指等关节依次进行弯曲和伸展的周期性连贯动作展示。要求动作必须流畅、圆润且完整。

③下肢动作：啦啦操下肢动作包括基本站位和走、跳、跑、踏、点、踢腿、各种舞步。

啦啦操基本站位有立正站、军姿站、弓步站、侧弓步站、锁步站、吸腿站六种，所有啦啦操下肢动作都由这六种基本站位变化而成。

啦啦操跳步分为大跳、中跳、小跳三类，常用的有分腿跳（分腿小跳、分腿大跳）、团身跳、C 跳、跨跳（横跨跳、纵跨跳、反跨跳）、莲花跳、跨栏跳、变身跳、交换腿跳和跳转等。啦啦操跳步动作要求有一定的腾空高度，腾空后肌肉协调用力，保持好身体姿态，完成空中造型。

④躯干动作：啦啦操躯干动作包括身体波浪、身体的屈与伸、含与展、绕环、平衡、转体等动作。

身体波浪又包含身体向前波浪、向侧波浪、向后波浪、螺旋波浪和跪坐波浪起、跪立波浪起。

平衡分为静态平衡与动态平衡，静态平衡是指在地面或器材上维持静止姿态，而动态平衡则是在瞬间保持稳定的姿势，难度更高。啦啦操常用的平衡类动作有吸腿平衡、搬腿平衡与控腿平衡。

转体动作也是啦啦操中常见的技术之一，包括单足转体、双脚转体，以及利用身体其他部位作为支撑进行旋转，如臀部转体、膝部转体，甚至是街舞中的头部旋转等。这些转体动作的完成需要运动员具备良好的平衡能力和动作控制能力，是衡量啦啦操运动员技术水平的重要指标之一。

（3）过渡与连接类动作

过渡与连接类动作是各个动作元素的衔接点，其编排是否合理直接关系到成套动作的编排质量。优秀的过渡与连接动作能够迅速实现动作间的连贯，消除跳动感，实现空中与地面间的自如转换，展现出动作的多样性与编排的艺术性，使得整体动作更为流畅、协调，给观众带来强烈的视觉冲击。

教练员观看了大量不同级别的啦啦操竞赛、训练、表演视频，并进行了记录，分类整理后发现，过渡与连接动作主要使用在难度动作与难度动作、难度动作与舞蹈动作、口号与舞蹈动作之间的连接上。如技巧啦啦操过渡与连接类动作主要使用在以下三个过程中：①金字塔组建过程中；②托举动作中尖子两个动作间的转换；③下法。

2. 啦啦操动作编排应注意的问题

第一，要体现啦啦操的主题思想。啦啦操动作的设计需要充分展现其主题内涵，以满足主题表达的需求。这意味着动作不仅要在形式上符合啦啦操的技术要求，还要能够传达出节目的主题思想，并与主题完美融合。

第二，与音乐的主题思想、节奏相吻合。啦啦操动作设计需要将主题理念与音乐结构融合在一起。这包括考虑音乐的节奏、重拍、高潮、乐段等元素，并确保动作设计与音乐的风格和节拍相协调。

第三，难度动作的选择应符合队员的实际运动能力。

第四，动作与动作之间连接顺畅。衔接各个单独动作形成连贯动作时，关键在于确保前一个动作为后一个提供便利，使得前一动作的终止成为下一动作的启动点。这种连贯的连接方式可以显著提升表演的艺术价值。在连接过程中，适当地改变方向、利用空间和调整移动轨迹等也十分重要。

第五，竞技性啦啦操动作编排应符合规则要求。规则是竞技性啦啦操编排的法定依据，它引导着编排走向成功。除了上述提及的四点外，编舞必须严格遵守竞赛规则，将规则视为准绳。任何超出规定范围的行为都是禁止的，否则将面临扣分的惩罚，最终可能影响比赛的得分和排名。

（二）音乐要素

音乐作为一门具有感染力的听觉艺术，通过流畅的旋律表达人类情感。它可理解为由有规则的乐音构成的视觉意象，借助于演唱或演奏的形式，展现内心世界，揭示社会现实生活的真实面貌。

体育音乐是音乐与体育的结合，在体育运动中，它不仅具有娱乐性质，更重要的是用于辅助运动员完成动作。此时，音乐以次要角色出现，主要负责营造氛围，增强动作的艺术感，提升比赛的观赏价值。

啦啦操音乐作为体育音乐的一种，在啦啦操表演中扮演着至关重要的角色。它的首要任务是渲染现场气氛，使得音乐的“声”与动作的“形”相互呼应，共同传递啦啦操的主题思想。在编排过程中，音乐的选择必须符合队员的动作特点，与表演风格相协调，并能引发观众的情感共鸣。

1. 啦啦操音乐应具备的特征

（1）音乐主题思想明确。

啦啦操音乐应当具有清晰的主题思想，以便编排者和队员理解音乐的内涵，传达编创者的意图，发挥沟通的作用。在挑选啦啦操音乐时，应优先考虑主题鲜明、易于感知、积极向上且充满热情的旋律。

（2）音乐的风格特色与动作风格一致。

音乐与动作在啦啦操主题风格的呈现中扮演着重要角色。在挑选和组织啦啦操音乐时，必须坚持统一性原则，确保音乐与动作风格相互契合。比如，若选用民族风格的音乐，则应设计具备相关民族特色的动作，以实现音乐与动作之间的和谐互补，从而达到画面与音响的完美交融。

（3）音乐鼓点清晰，旋律感强，速度适宜。

啦啦操作为一种多人团体展示的体育项目，强调整体配合和节奏感。音乐在啦啦操中的作用如同指挥家的指挥棒，具有引领和统一队伍动作的功能。因此，选择具有鲜明节奏和明快律动感的音乐至关重要，它可以帮助队员们找准节奏，实现动作的整齐和一致性。常用于啦啦操的音乐通常为 4/4 及 2/4 拍子，节拍明快且具有强烈的律动感，有利于队员们把握节奏和完成动作。

旋律是音乐的灵魂和基础，它体现了音乐的主旨和整体意蕴。优美且富有旋律感的音乐作品能够使啦啦操队员与观众都沉浸在愉悦的氛围中。丰富多样的音乐旋律变化与内涵，有助于激发编排者的创作灵感，并赋予动作更深层次的意境。

音乐的速度通常以秒为单位计算节拍，当音乐速度达到每分钟 138—150 拍时，就能形成一种明快而强烈的跳跃性节奏。技巧啦啦操音乐速度一般在 10 秒 26 拍以上，舞蹈啦啦操和表演性啦啦操音乐速度一般为 10 秒 22—28 拍。

2. 啦啦操音乐素材

从古至今，音乐作为一种文化表达形式，与人类共同发展，承载着丰富多彩的文化遗产与情感体验。在不同文化环境下，音乐形式呈现出多元化与独特性，而啦啦操编排者则需要具备深厚的音乐素养，运用多种方法获取所需的音乐素材，确保编排的质量与效果。啦啦操音乐的素材来源丰富多样，以下是一些常用的音乐素材：

（1）电子音乐

电子音乐是利用电子合成器、音乐软体、电脑等所产生的电子声响来制作的音乐。

（2）摇滚类音乐

摇滚音乐是从爵士乐演化而来的一种现代音乐，具有揭示青年情感波动和充盈情感抒发路径的突出特性。

（3）交响乐

交响乐是大型器乐曲体裁，是音乐中最大的管弦乐套曲。

（4）民族音乐

民族音乐是一种具有鲜明国家或民族特色的音乐形式，深深扎根于特定文化和历史传统之中。这种音乐不仅仅是一种艺术表现，更是一种生活方式和文化认同的象征。各个国家和民族在各自的历史、地理、宗教、社会结构，以及其他文化因素的影响下，形成了丰富的音乐风格和表现手法。

（5）电影音乐

电影音乐是新体裁的音乐艺术，特指用于电影的全部音乐，还指作曲家特意创作出的电影专属音乐与歌曲。

（6）自创音乐

啦啦操音乐创作过程涉及两种主要方式：原创定向创新与再创定向制作。前者指作曲家依据啦啦操项目的特点、团队的特性和主题，进行全新的谱曲。后者则是对已有作品进行二次创作，选取单曲或多曲作为蓝本，进行剪裁和调整，以适应当前队员的特性和动作需求，使音乐内容更加丰富，风格更为鲜明，从而更好地展现啦啦操的主题。在音乐剪辑的过程中，必须确保音乐结构完整，并且体现出多元化的变化。这意味着在处理既有音乐素材时，需要灵活地运用音乐理论和技术手段，对音乐进行重新组合、编排和加工，以创造出新的音乐形式。音乐结构的完整性指的是确保曲目具有清晰的起承转合，并且在节奏、旋律、和声等方面有所发展和变化，以吸引听众的注意力，并传达出音乐的情感和主题。

3. 啦啦操音乐编排应注意的问题

（1）音乐的选择应具备时代特色，以激发参赛者的活力，并展现现实生活中的拼搏进取精神。富有时代气息且具有积极乐观导向的音乐，能够与运动员的斗志昂扬相契合，更好地凸显他们的表现。

（2）选择旋律优美、节奏明快的音乐。

（3）音乐剪辑应注重合理性，即剪裁后的音乐不仅要在规定时间内情绪起伏恰当，还需保持整体性。它应包含主旋律，布局得当，转调流畅无阻，不能虎头蛇尾或杂乱无序，以免损害音乐的整体性。

（三）时间要素

时间作为物质运动和事件演化的一种度量方式，体现了其连续性、间隔性及先后顺序。这种度量方式是客观存在的，并具有方向性和不可逆性。

啦啦操竞赛与表演呈现出了从始至终，由低谷到高峰，最终落幕的时间历程。在此期间，动作设计、音乐搭配、队伍排列、着装、设备、口号等方面都需要精准呈现。因此，我们可以将啦啦操的编排视为对上述元素的巧妙整合，以创造出一系列令人难忘的瞬间。对于啦啦操编排的时间要素，我们需要从以下三个层面来进行分析：

1. 成套动作总体时间

竞技性啦啦操成套动作总体时间一般由大赛主办方规定，体现在竞赛规程或竞赛规则中。表演性啦啦操成套动作总体时间由大会主办方给定，其中赛场啦啦操表演时间机动，视比赛暂停时间而定。

2. 各部分所占时间的比例

啦啦操套路一般分为三个环节：启动核心部分、主体部分和收尾部分。每个部分都有其目标和任务，时间分布也有所差异。启动和收尾部分通常耗时较少，控制在 2—4 个八拍内；而主体部分则占据了整个操约 2/3 的总时长，是主要构成部分。

3. 动作的时间结构

动作时间结构主要表现为动作间的前后关联性，也被称为动作时间延续状态，如同音乐一样具有无形特性。通常情况下，我们会将动作时间结构与音乐相提并论，如所谓的“一拍一动”，即每一拍执行一个动作；若为“一拍两动”，则在一拍内完成两个动作；“两拍一动”则表示在两拍内进行一次动作，以此类推。在啦啦操的编排中，动作时间结构常用于展现动作多样性和变化性。例如，原计划在四拍音乐时间内完成四个动作，每个动作占据一拍时间。现在可以进行调整，第一个动作使用两拍，第二和第三个动作各占半拍，最后一个动作仍为一拍，从而形成“慢一快一快一慢”的节奏。

（四）空间要素

空间是指运动着的物质的存在形式，虽无形，却具有重要意义。在啦啦操中，空间包含宽度（X轴）、高度（Y轴）、深度（Z轴）三维度，以及地面空间（由X、Z轴构成的二维空间）与垂直空间（沿Y轴方向）两个方面。地面空间主要通过动作路径和队列布局来实现，而垂直空间则体现在各种层级的运用上。不论是地面空间还是垂直空间的运用，都需要考虑动作方向的转变。啦啦操空间编排旨在揭示移位过程中各类空间及层面的相互转换与过渡，从而增强表演的三维空间层次感和起伏性。

1. 地面空间的运用

（1）啦啦操动作方向

啦啦操动作方向包括上、下、左、右、前、后六大基本方向，以及由此衍生出的24种中间方向。在动作编排中，巧妙地利用这些方向的变化，可以提升整体编排质量和视觉效果。

（2）啦啦操成套动作路线

啦啦操动作路径通过队员在场地中的一系列位移来实现，其中包含起始点、方向、线路（直线或曲线）、终点等要素。设计这样的路径需要注重队员移动的全方位覆盖，包括向前、向后、向左、向右、对角线移动、弧线运动的多样性。同时，还需要合理利用场地的四个角、边线及中部区域，以确保队员能够在表演过程中充分利用场地空间，实现动作的多样化和流畅性。

（3）啦啦操常用队形

所谓队形，就是队列的形状，编排设计啦啦操队形需要综合考虑队列形态的多个要素。常见的啦啦操队形包括直线形、弧线形、圆形、梯形、三角形、十字形、字母形（如T、V等），也可以运用多种队形进行组合。

（4）啦啦操队形设计应考虑的因素

①通过动作和造型的展示，能够充分突显队员的技术优势，从而实现最佳的视觉效果。

②综合考虑队员的技术水平、表现能力、身形条件，是为了在队列中找到他们合适的位置。在初建队形阶段，通常会将具备娴熟技能、体态匀称、身姿优美、具有出色表演才能的队员放在队列的前端或其他醒目位置。

③音乐的旋律和节奏不仅是情感和思想的载体，也是啦啦操队形设计中的重要元素。队形设计应与音乐情绪相契合，以增强表演的整体效果。例如，可以运用展现广阔场景的矩形阵列来呈现万马奔腾的壮观画面，与音乐的气势和节奏相呼应，从而加强表演的视觉冲击力和感染力。

④队形的改变需要科学且流畅。换言之，应根据动作一致性原则来调整队形，利用各种队员组合创造出最优的图形模式。在变更队形时，选手的移动路径（俗称“跑位”）应遵循就近原则，以确保选择最短路径，避免混乱和位置不当的情况发生。在两个队形间切换时，应尽可能减少占用的节拍数量，使得两个图形之间的对比更加鲜明，并且用最少的节拍完成对比强烈的队形转换。

2. 啦啦操垂直空间运用

啦啦操在不同空间层次之间的切换，需要注重视觉爆发力和节奏的跌宕起伏，采用高低空相结合的技术策略。我们将垂直空间分为地面、低空、中空和高空四个层级。啦啦操的表现可以通过复杂的动作，如跳跃、举起、抛接或金字塔式动作，以及运用道具等方式，来实现中空和高空层级的表现。

（五）服装要素

研究发现，我国啦啦操从业者普遍认为优良的着装能够吸引评委和观众的关注，有助于展现啦啦操表演的主题，从而提升演出效果。

啦啦操服装与啦啦操动作、音乐一样，是有“灵魂”的，它通过款式、颜色和图案搭配来传达理念，融入整个啦啦操主题之中。服装的构成元素包括材质、款式和颜色，在设计过程中需要全面考虑。相同材质和款式的服装，采用不同颜色搭配，可以呈现出截然不同的风格；即使材质和款式相同，如果配色手法不同，最终效果也会有明显的差异。因此，在设计啦啦操服装时，对于每一个元素都需要进行精心的考虑，以确保服装能够完美地诠释表演主题，并为表演增添独特的魅力。

1. 啦啦操服装材料

大部分服装材料，包括棉、麻、涤纶、锦纶、氨纶、腈纶、莱卡等，都可以用于制作啦啦操比赛装备。为了确保穿着舒适度，啦啦操服装应选用透气、排汗性能优良的材质来制作，紧身款式需要具备良好的伸展和回弹性能，以完美贴合运动员的身形，避免压迫感，防止质量问题导致的尴尬情况发生。

由于各类服装材料对光线的折射程度不同，染色后的鲜艳度也会存在显著差异：氨纶、锦纶等材料对光线的折射率较高，因此染色后会呈现出鲜艳夺目的亮光效果；而棉、麻等材料对光线的折射率较低，染色后的明度和纯度不及前者，呈现出亚光效果。在选择亚光或亮光材料制作啦啦操表演服时，需要综合考虑节目主题、款式设计、图案配色等因素。

2. 啦啦操服装款式

啦啦操服装的种类繁多，包括裙装和裤装。裙装可以分为短裙和长裙，而裤装则有长裤和短裤之分。此外，分体式和连体式设计也可供选择。对于不同款式的啦啦操服装的选择，取决于使用者的实际需求，比如用于竞技比赛还是表演展示。还需考虑啦啦操所要传达的文化内涵及整体格调。不同的场合需要不同款式的服装来表现特定的氛围和形象，因此，选手或表演者需要根据具体情况来选择适合的服装款式。

（1）竞技性啦啦操服装款式

竞技性啦啦操竞赛对选手服装有严格的规定，可供选择的服装包括分体式、连体式短裙和裤装。同时，要求服装不得呈现战争、暴力等不良元素。

①技巧啦啦操比赛服装

女装：连体装短裙，或者分体装背心及短裙，上装可以选择长袖、短袖、单袖或无袖。服装可以适当修饰，但禁止使用水钻、亮片等容易造成伤害的饰物。

男装：分体短袖及长裤，或者分体长袖和长裤，要求上衣在设计上应长度合体，以不露肚脐为标准。

鞋袜：技巧啦啦操竞赛规则要求队员比赛时必须穿白色轻便运动鞋及白色运动袜，禁止穿丝袜。

②舞蹈啦啦操比赛服装

女装：除了与技巧啦啦操相似的演出服装外，选手还可以选择短裤或长裤，并可选长袖、短袖、单袖或无袖款式。

男装：舞蹈啦啦操比赛男装与技巧啦啦操比赛要求相同，为分体式短袖和长裤，或者分体式长袖和长裤，确保不露出肚脐。

鞋袜：参赛者必须穿着舞蹈鞋或爵士舞鞋，颜色应根据服装色调进行搭配，严禁赤脚出场。

（2）表演啦啦操服装

啦啦操表演服装并无特别的款式要求，这为表演者提供了较高的选衣自由度。根据表演主题，表演者可以自行选择适宜的裙装或裤装，同时需考虑符合啦啦操运动员的运动需求。

3. 啦啦操服装配色

在影响服装构成的三个要素——材质、造型和颜色中，颜色是最引人注目的。它不仅反映着特定民族的文化特色，还具有引领潮流的作用。适宜的服装颜色组合能够为人们带来视觉上的愉悦体验，同时也能够调整情绪，与周围环境相呼应。

（1）色彩的“情绪”

程建平教授说过：“颜色具有独立的表情功能，能对人产生直接的情绪影响。”人们对特定颜色的反应确实会因个人经历、文化背景和环境等因素而异。比如，绿色可能会唤起与自然、生命和生长相关的联想，以及对新生活和希望的期待。此外，颜色还可能激发感官上的体验，比如对于果实的酸甜口感的想象。因此，色彩不仅具有丰富的象征意义，而且在情感引导方面具有重要作用。在设计啦啦操服饰时，我们应当考虑衣着色调与运动主题在情感色彩方面的相符性。通过精心选择色彩，我们可以强化服装与主题之间的关联，进而增强观众对表演的情感共鸣，从而提升整体的艺术表现力和感染力。

（2）啦啦操服装配色方法

啦啦操服装设计以色彩和谐为核心。实际上，颜色本身并不具有美丽或不美丽的属性，关键在于它们在搭配中的表现。服装色彩搭配通常采用两种或多种颜色，按照一定的规则以和谐的方式进行组织，主要包括补色搭配、邻近色搭配、对比色搭配、补色分割、矩形分割、广场分割六种方法。

（3）啦啦操服装配色应考虑的问题

①啦啦操服装色调应与主题保持风格上的统一：主色调应具有独特的含义和丰富的情感表现力，与主题相呼应。一旦确定了主体色调，便可根据服装款式和主题的需要，选择相应的色彩进行装饰与点缀。在进行色彩搭配时，需要注意色彩面积的比例和搭配。主色调应占据服装的主体部分，而装饰色彩则可以作为点缀或细节，以增加服装的层次感和视觉吸引力。同时，应该考虑到色彩的对比、协调和平衡，以确保整体效果的和谐统一。

②服装配色应考虑队员的体形、肤色和性别。

③啦啦操服装配色应与表演场地色彩协调，尽量避免选择与场地地毯相同的色系作为主色调。

（六）道具要素

随着社会文明进程的不断推进，以及啦啦操在国际舞台上的影响力逐渐扩大，道具已成为比赛和表演中不可或缺的元素。喇叭筒、丝巾、标志牌、吉祥物、标语、彩球、旗帜、运动器械等多样化道具，已经成为啦啦操的重要组成部分，有效地增强了团队的凝聚力和表现力。

道具的选择并非毫无章法，不当的选择不仅对表演无益，甚至可能带来负面影响。不恰当的器械形式和数量，以及不协调的动作、音乐编排，都可能导致整套动作无法流畅进行。

1. 啦啦操道具编排需遵循以下要求：

安全性：编排道具时必须确保无风险，拾起和放下道具时均须确保安全。对于外皮粗硬的道具，应该采用适当材质进行包裹，以减少潜在的伤害风险。特别需要强调的是，《国际全明星啦啦队竞赛评分规则（2006—2009 版本）》明确禁止将道具用于托举、金字塔和翻腾等动作，以确保所有道具使用均不会带来潜在危害。

有用性：道具在啦啦操表演中的作用是丰富表演形式，满足主题表现需求。因此，应选择合理且具有实际使用价值的道具。直接照搬他人的做法或机械模仿是不可取的。同时，缺乏合理性且无法体现实际使用价值的道具不应被采纳。在道具选择和使用过程中，务必注重安全性和实用性，以保障表演者和观众的安全，并确保表演效果的最佳呈现。

2. 啦啦操道具编排依据

根据音乐主题和口号的核心，音乐主题在整个啦啦操表演中扮演着重要角色，贯穿了整个表演过程。为了更好地体现核心理念，可以运用道具来辅助表达。口号代表了啦啦操表演的精神内涵。使用标注口号主题的标识牌等道具，观众更易理解并同步呼喊，营造热烈气氛，增强互动。

由主办单位或代表队所在单位指定道具：在竞技啦啦操中，道具的选择需符合竞赛规程的明确规定，参赛方应根据规则精选道具。而在表演性啦啦操中，道具的选择范围较大，只要符合主题且安全的物品均可作为表演道具。在一些商业性质的活动中，部分主办方可能会要求使用特定的道具，尤其是在用于推广某类产品的表演中，该产品可能成为指定的表演道具，并在表演过程中得到充分展示。

（七）口号要素

啦啦操口号作为体现健康、活力和团队凝聚力的重要元素，在啦啦操发展历程中扮演着关键角色。这些口号以语言为媒介，传达着主题思想和团队精神，弘扬着勇往直前、积极向上的信念。

啦啦操口号通常由具有象征意义的字词或短语组成，旨在阐述目标与理念。口号中所选用的语句或词汇常源于大会主题、队伍或单位名称、色彩、标识等元素，这些构成了鼓舞人心、激发斗志的口号。口号内容可能涵盖具有号召力、提示性和宣传性的语言，同时也可根据赛事设定特定的目标口号。

啦啦操口号应具备清晰明了、简练有力且易于记忆的特点，内容必须积极向上，传递正能量。在措辞上，需要注重平仄和谐、押韵流畅，使口号音节对称均衡，力求韵脚和谐，以实现生动、响亮的表达效果。同时，应避免使用生僻或易产生误解的字眼，以确保口号的准确传达和理解。

第三节 啦啦操身体素质教学与训练

啦啦操运动员需要重视身体素质训练，这是提升运动技巧和综合实力的关键。优秀的啦啦操选手能够通过科学且严谨的身体素质训练，实现出色的表现。除了掌握各种形式的成套动作外，还需要投入大量时间进行柔韧性、力量和耐力的强化练习。本章详细探讨了柔韧性、力量和耐力的相关概念、训练策略、注意事项，为学习者提供了全面的指导。通过深入理解啦啦操身体素质训练的内涵，学习者能够更好地科学发展自己的运动能力。

一、柔韧素质训练

（一）柔韧素质概述

啦啦操技术水平的显著提升，对运动员的身体柔韧度提出了更高的标准。身体柔韧度作为身体素质的重要组成部分，在生理学上可通过关节的骨结构、周边组织的体积、韧带、肌腱、肌肉及皮肤的伸展性等指标来衡量。其中，伸展性对柔韧度的提高至关重要。此外，肌肉活动的协调性和关节活动幅度也与柔韧度的发展密切相关。

柔韧度综合体现了人体肌肉、关节、韧带等组织的伸展活动能力和弹性。其优劣主要受到关节组织结构及肌肉、肌腱、韧带等组织伸展性的影响，同时也受气候、年龄、训练水平等因素的影响。在啦啦操表演中，广泛采用的大幅度上肢动作、踢腿、控腿、劈叉、跳跃等动作充分彰显了柔韧度的重要性。良好的柔韧度有助于提升运动的幅度、速度和力量，使运动员能够完成高难度的动作，同时降低运动损伤的风险。因此，发展柔韧度对提升运动技能水平至关重要。

（二）柔韧素质训练的基本方法

1. 主动形式与被动形式相结合

啦啦操柔韧性训练涵盖两种方式：主动和被动。主动方式指的是自身对抗阻力的运动模式，例如提膝动作；而被动方式则是在外力的帮助下完成，比如扳腿、压腿、拉肩等动作。为了提升训练效果，建议将这两种方式有序地穿插使用。

2. 动力练习与静力练习相结合

动力性训练注重肌肉等张性质的收缩，通过对抗肌肉协同作用来实现身体的空间移动，如踢腿、摆腿等动作；而静态训练则着重于肌肉等长性质的收缩，维持肌肉群持续的张力状态，如压腿练习。如果过度侧重静态练习而忽略了动态练习，虽然可以增强肌肉和韧带的伸展能力，但无法提升肌肉的快速收缩能力，从而导致运动时呈现僵硬不灵活的状态。因此，在柔韧性训练中，必须将动力性训练与静态性训练相结合。

3. 柔韧性与灵活性、协调性相结合

同时进行柔韧性锻炼和灵活性、协调性练习，可以显著提升训练效果。柔韧性素质的发展主要通过动力性拉伸和静态性拉伸两种方式实现。动力性拉伸是通过有规律地反复执行相同动作来实现的，而静态性拉伸则是以较缓慢的速度进行，使肌肉、筋膜、韧带等组织得以拉长，并保持一段时间。这两种方法都可以采用主动或被动的拉伸方式。主动动力性拉伸是依靠个体的体重或力量进行的，而被动动力性拉伸则需要外部力量的辅助。在训练过程中，应根据技术需求确定关节活动范围，选择适宜的动力性和静态性拉伸方法，以及主动和被动的练习方式，并确定柔韧性发展和保持阶段练习的重复次数。每次练习持续约 10 秒，而静态性拉伸则需在关节最大伸展处保持约 30 秒。为了确保运动员在充分恢复的情况下进行下一轮柔韧性练习，间歇期间可以进行肌肉放松练习或按摩，例如体后屈练习后进行体前屈放松练习，或者劈叉练习后进行并腿团身动作等。

（三）柔韧素质训练的基本手段

根据啦啦操项目特点和要求，采取以下练习发展运动员的肩、胸、腰、髋、腿的柔韧性。

1. 肩、胸、腰部柔韧性练习

主要手段有压、拉、吊、转环、体转、体前屈、体后屈等，具体做法如下：

（1）面对墙壁或肋木，手扶一定高度体前屈压肩、胸。

（2）背对墙壁或肋木，手臂后举扶墙或反握肋木，下蹲向下拉肩。

（3）侧向墙壁或肋木，侧向手扶墙或握肋木，向侧拉肩。

（4）悬垂，握肋木，向下吊肩。

（5）站立，双手持木杆或绳子，与肩同宽，连续快速直臂向前、后绕肩，逐渐缩短两手之间的距离。

（6）俯卧，上体挺胸抬起，两手上举，帮助者站在背后，两手握练习者上臂，向后拉压肩胸，向后下拉伸腰部。

（7）站立体前屈，双手互握后举，帮助者双手向下按压练习者手臂，拉伸肩、腰部。

（8）卧呈弓桥，向上顶腰和向前拉肩练习，逐步缩小手与脚的距离。

2. 髋、腿的柔韧性练习

站在一定高度上做体前屈，手触地面。腿垫高的，分腿体前屈，或手握肋木的，高举腿分腿坐，在外力下向后压腿，进行体后屈练习。

压腿：将一腿置于肋木上，直膝、胯正，可向前、侧、后压腿。

劈叉压：在纵叉或横叉姿势下，上体挺直、直膝、胯正，在外力作用或自身重量下，向下压髋。

（四）柔韧素质训练的基本要求

1. 发展柔韧性应循序渐进，持之以恒。

柔韧性的锻炼是一个持续攀升的过程，一旦停止了训练，所取得的进步就会逐渐消失。需要将柔韧性训练视为一项长期而持续的任务，并使其变得更加系统化和频繁化。在这个过程中，还需要遵循循序渐进的原则，逐步提高对自己的要求，切勿急功近利，以免造成肌肉拉伤等不良后果。

2. 柔韧性应从小培养。

对于柔韧素质的发展，5—10 岁正是最为敏感的时期，应全力以赴地将这个阶段作为培养孩子们的柔韧能力的关键时期，争取能够在孩子 12 岁前有效地提升他们的柔韧水平。在这个过程中，应该倡导并鼓励孩子们参与那些注重“缓慢式”和“主动式”的运动项目，尽量避免让他们进行过长时间的过度扳、压等剧烈动作，或者是一些可能会过分扭曲肌肉和骨骼结构的活动。这样可以有效防止关节、韧带的损伤，以及骨骼变形等问题的发生，从而更好地保障孩子们的身心健康。

3. 发展柔韧性应与专项和个人特点相结合。

为了更好地发展柔韧性，必须根据啦啦操项目的独特特性和学员们各自的生理状况进行精心策划和安排。在此过程中，不仅要注重全面提升身体各个部位的柔韧性，还需特别关注啦啦操所需的髋部、腿部和腰部的动力性和静力性柔韧能力的培养，尤其是要加强肩部和髋部关节的全方位伸展性和灵活性。此外，应结合柔韧性难度动作的练习，培养出快速且大幅度的前、侧、后踢腿、控腿，以及地面和空中劈叉等能力，以满足专项技术的严格要求。需要注意的是，针对不同运动员的具体情况，应采取因材施教的策略，以确保训练更具针对性和实效性。

4. 发展柔韧性，应与力量、速度能力发展相结合。

柔韧性的发展确实需要以肌肉力量的提升为基础，良好的柔韧能力也反映了良好的力量能力。在啦啦操等动感项目中，柔韧性展示分为静态力量下的柔韧性和高速动态力量下的柔韧性两种。静态力量下的柔韧性体现在控腿、支撑劈叉等动作上，而高速动态力量下的柔韧性则体现在迅猛的高踢腿、夸张的分腿大跳、劈叉倒地等动作上。应当注重速度力量、相对力量和柔韧训练的综合发展。力量训练可以增强关节的稳定性，而柔韧训练则有助于保持肌肉、肌腱和韧带的适当弹性和伸展性，从而确保身体各项能力的全面发展。

5. 发展柔韧素质，应兼顾身体各个部位。

啦啦操展现的柔韧性表现通常涉及多个相互关联的身体部位的柔韧性水平。例如，纵向劈叉和前踢腿等动作，受限于髋关节周围肌肉和韧带的伸展能力，同时与大腿后侧肌群和韧带的柔韧性有关。因此，在训练过程中，需要全面且均衡地发展这些相关身体部位的柔韧性。

6. 注意外界温度与练习时间。

在适宜的气温条件下训练，如 18 摄氏度左右，对柔韧性的提升非常有利。然而，在寒冷的冬季中，保持适当的体温是非常重要的。在进行柔韧性训练之前，需要采取保暖措施，并通过进行适量的慢跑或热身性有氧运动来提高身体的热度，直到出现微微出汗等迹象为止。需要特别注意的是，清晨时分的柔韧性可能较差，因此应选择小强度的练习方式。而在阳光充足的午后，人体柔韧性较强，可以适当加大训练的力度，以获得更好的效果。

二、力量素质训练

（一）力量素质概述

力量美是人类历史上被广泛认知的审美对象之一。早期的人类对力量有着深刻的敬仰和渴望，将其与生命和美相联系。在拉丁语中，“美”的原始含义即力量与勇气的象征。优美的动作是力量巧妙运用与节省的体现，其轻盈灵活、毫不费力的表现让人感受到极致的美感。

啦啦操作为体育运动项目，其专项速度主要通过动作力度和爆发力来展现。这两者不仅是衡量啦啦操运动员竞技水平的重要标尺，更是运动员长期从事啦啦操运动所养成的一种特殊的专业化运动感知能力。动作力度指的是运动员在完成动作过程中所展现出来的肌肉快速用力，动作变化的速度，以及动作熟练程度。力度感则是对身体各个部位肌肉用力大小、用力顺序的精确把握和有效控制，由多种感觉共同构成。这种感知能力是运动员经过长时间的啦啦操运动锻炼逐渐形成的。在啦啦操运动中，动作力度是衡量运动员体能水平的重要指标之一。

啦啦操的形体要求，基于对人体与行为美的理解和认知。通常情况下，人体在运动中应保持自然挺拔的姿态，头部微微向上抬起，颈椎、胸椎、腰椎保持正常生理曲度，并保持挺拔。在做伸展动作时应力求平直，做弯曲动作时应有明确的角度。

肌肉是运动的基础，没有肌肉力量就没有运动，也就没有啦啦操。肌肉力量对于练习者的技术掌握和提升至关重要。肌肉力量直接影响着练习者的速度、灵敏度、协调性，是衡量啦啦操训练水平的重要依据。

（二）影响力量素质的因素

影响人体肌肉力量的因素，主要包括肌肉活动中的能量消耗情况、个体的营养摄入状态，以及身体结构特性。此外，神经系统的功能特性、性别差异、年龄变化，以及不同的锻炼方式，也是重要影响因素。这里主要从结构特点、神经系统的机能及训练方法这几方面因素进行讨论。

1. 肌肉的解剖生理特征

肌纤维的类型：每块肌肉都是由多种类型的肌纤维交织组合而成。根据这些肌纤维收缩的速度特性，可以将它们大致分为慢肌纤维和快肌纤维两种类型。慢肌纤维的收缩速度较为缓慢，所产生的力量也较小，然而它拥有卓越的持续工作能力。相对而言，快肌纤维的收缩速度则显得极为快速，能够爆发出强大的力量，但是这类肌纤维也比较容易感到疲惫不堪。在进行啦啦操训练的过程中，可以通过采用不同强度的练习方式，有针对性地发展并强化不同类型的肌纤维。

肌肉生理横断面积：肌肉生理横断面积指的是垂直于肌纤维方向的所有肌纤维面积之和。在诸多因素保持不变的前提下，肌肉收缩所释放的力量与该肌体的生理横断面积呈正相关。有针对性的训练，可以扩大肌肉的横截面面积，进而提升肌肉力量。对于啦啦操练习者而言，啦啦操对身体形态有特定要求，所以并不一定要执着于过度追求肌肉体积的增长，而是可以选择结合其他训练方式，更好地提升力量素质。

肌肉的初长度：在肌纤维收缩之前的初始长度被称为肌肉的初长度。在特定的区间内，肌肉初长度越长，其产生的张力及肌肉缩短的速度越会相应地提高。举例来说，在进行各类跳跃动作之前，适当地弯曲双腿并完成下蹲动作，将有助于为跳跃动作提供更强的推进力；在进行空翻练习之前，将身体调整至反向倾斜姿势等，是为了更好地获得初长度所进行的准备。科学的训练方法能够有效地增强肌肉的初长度。例如，通过进行脚部勾曲、紧绷、前后踢腿等练习，结合下腰、摆腰等训练方式，都能够达到拉伸肌肉，从而增加其初长度的效果。

肌肉的牵拉角度：在肌肉与骨骼之间的牵拉角度发生变化时，它所产生的肌肉收缩力也会相应地发生改变。举例来说，我们的肱二头肌对于前臂产生的牵拉力，在肘关节弯曲至约115度时达到最大化；当膝关节弯曲至130度到160度之间，该肌肉的力量也是最为强大的。因此，啦啦操运动员在日常训练中，需要高度关注和感知这些肌肉的牵拉角度，以便更好地发挥肌肉的最大力量。

2. 中枢神经系统的机能因素

中枢神经系统在外周传来的神经冲动频率增加且强度增大后，能够有效地募集更多数量的运动单位，使得肌肉收缩所产生的力量更为强大。研究表明，普通的啦啦操练习者在进行运动时通常只能调动60%—70%的肌纤维参与其中，技艺高超的啦啦操运动员们却能成功地募集高达90%的肌纤维投入相应的工作中。经过恰当且合理的训练，确实有可能提升中枢神经系统对外界刺激的反馈响应程度及频率。此外，中枢神经系统对于肌肉活动的控制和调节能力相当重要。当参与肢体运动的肌肉之间实现良好的协同合作时，其整体效果会得到彰显，肌肉所产生的力量也就变得更加强大。因此，建议学生在训练过程中时刻保持对肌肉收缩与放松状态的感知，以确保每个动作所需的工作肌肉都能达到相对理想的协调统一，确保表演啦啦操时能展现出协调、舒展、大方的姿态。

3. 力量训练因素

在各类啦啦队的训练项目中，具体的训练技术方式及其严谨性对运动员所表现出的力量有深远而重要的影响。这些影响主要是通过以下几个关键的生理机制实现的：一是促进肌肉肥大效应；二是提高人体肌肉神经系统的控制效率；三是转换肌纤维类型；四是提升肌肉的代谢功能。因此，我们必须科学地设计训练的强度、分配适宜的练习分组数量、明确每组运动的重复次数，以及确定适当的各组练习之间的休息时间等。这对于强化运动员的素质训练效果具有极为关键的意义。同时，我们还需要注意调整不同的动作幅度与速度，以确保训练的全面性和有效性。

（三）力量素质训练的基本原则

在进行啦啦操的力量训练时，确保遵循人体生理特性，并运用科学方法进行合理的指导和练习，至关重要。这样才能提升啦啦操的技术水平，降低运动伤害的风险，并促进参与者的身体健康。因此，制订力量训练计划时需要着重考虑并遵循以下几个重要原则：

1. 超负荷原则

超负荷法则作为力量训练的基础原则，指的是在训练期间所承受的负荷应该持续超越常规训练阶段的负荷水平，具体涉及的方面包括负荷强度、负荷量、力量训练的频率等。值得注意的是，超负荷并非一蹴而就，逐渐增加负荷量有助于预防训练过度和肌肉损伤，从而保障肌肉力量的稳步提升。啦啦操训练，主要依赖自重训练来增强肌肉力量。若某些肌肉部位无法达到理想效果，可适当借助外部力量进行辅助训练。

2. 专门性原则

专门性原则是进行肌肉训练时应遵循的策略之一。它指的是经过正确训练的肌肉能够针对不同的练习模式，产生特定的反应或适应，这是一种独特的生理学现象。具体而言，不同的专项练习对身体各个主要肌群的参与程度、活动部位、动作形式等方面都有特殊要求。这些差异同时会深深地影响神经系统的协调性能、运动单位的募集情况、局部肌肉的新陈代谢水平。实施训练计划时必须有高度的针对性，尽可能选择与技术要求和动作技术结构相吻合的练习项目。

3. 全面性及顺序性原则

全身各部位肌肉群协同运作才能完成啦啦操动作，无论是大肌肉群还是微小肌肉群，它们都需要全面且均衡的锻炼与发展，以满足这种艺术表演形式的技术要求。因此，在进行力量训练时，应采用多元化的方式，不应只注重某一方面或某种形式的锻炼。同时，合理的肌肉力量训练顺序对训练效果产生直接影响。普遍认同的做法是，每组练习至少应包含 8—10 个主要肌肉群的练习。在完整的力量训练课程中，通常优先安排大肌肉群的训练，然后逐步转向小肌肉群的训练。这是因为相较于大肌肉群，小肌肉群更容易感到疲劳，可能影响其他肌肉群，甚至整个身体的工作效率。此外，优先进行多关节肌的训练，最后才是单关节肌的训练。在专注于训练特定肌肉群时，通常会先进行高强度的练习，然后逐渐过渡到低强度的练习。

4. 不间断性原则

在进行力量训练时，应尊重和遵循力量增长的客观规律性。过短的训练间隔时间可能导致身体过度疲劳或训练过量；而过长的间隔时间则可能使前次训练所带来的肌肉力量增益逐渐消退，影响力量的持续提升。因此，进行肌肉力量训练时应坚持不间断性原则。

例如，即使在长假期间，教师们也应为自己制订相应的训练计划，以巩固和提升现有的训练水平。这样可以确保机体在训练过程中产生的一系列良好的变化，获得持久的效果。

（四）啦啦操力量素质的分类及训练

1. 啦啦操力量的分类

在了解肌肉力量及其表现形式后，我们发现可根据不同的衡量标准对其进行细致划分。依据肌肉收缩模式、评估方法、具体表现类型和结构特性等因素，我们可以对肌肉力量进行分类。在啦啦操运动及其训练中，肌肉产生的力量强度与表现形式存在显著差异。从角度来看，啦啦操涵盖了激烈、充满活力的高难度动作，也包括宛如雕塑般静止且引人注目的亮相动作。此外，参与者需始终保持充沛的体能和积极的表现力。鉴于啦啦操是对抗重力的运动项目，参与者需要具备较强的力量。然而，为达到视觉美感，仍需关注体重控制。因此，根据啦啦操运动的需求，我们将力量划分为相对力量、静态力量、速度力量和力量耐力几个类别。

2. 啦啦操力量的训练

（1）相对力量训练

相对力量指的是每公斤体重能产生的力量大小，反映了练习者绝对力量与自身体重之间的关联性。虽然提升相对力量不会直接导致肌肉纤维数量和肌肉体积的增加，但对于从事啦啦操练习的人群而言，这种力量水平的提升依然至关重要。为了有效地提升相对力量，我们需要采取一系列措施来增强神经系统的兴奋强度，使更多的运动单位参与运动过程。此外，通过提高肌纤维收缩的同步程度和改善肌群间的协调性等方式，也可以实现相对力量的增长。在实际训练中，建议采用较大强度、较少重复次数、较多组数的练习方法。通常情况下，选择自身最大力量的 80% 以上作为大负荷强度，每次训练进行 1—4 次练习。对于中等强度的练习，强度不应低于 60%，以有效刺激更多的运动单位参与工作，进而影响相对力量的提升效果。随着训练强度的增加，重复次数应相应减少。然而，在保持每组练习重复次数不变的前提下，应尽量增加练习组数。在训练过程中，需保持适当的速度，并确保每组有充足的休息时间，一般建议为两三分钟。

（2）速度力量训练

首先，我们需要明确的概念是速度力量，即肌肉在尽可能短的时间内释放出最大化的力量，这是一种将速度与力量整合在一起的复合运动素质。对于人体而言，提升速度力量主要依赖于增强肌肉做功的效能和提高肌肉收缩速率。其中，肌肉的收缩速率直接影响力量的产生，因此，提升力量也是提升速度力量的重要手段之一。在众多的速度力量训练方法中，爆发力训练无疑是最具代表性的一种。在啦啦操训练中，速度力量通常以爆发力的形式呈现，例如弹跳力、手臂推拒力、啦啦操中的爆发力、腰腹部的收缩力等。爆发力训练的基本原则是，在确保动作技术规范的前提下，以最大速度完成动作，以培养肌肉迅速收缩的能力，满足啦啦操这种高速、大幅度动作的要求。目前，常用的训练方法包括各种超等长练习法，其机制是先进行肌肉的退让性工作，使肌肉被极度拉伸，然后在极短的时间内转换至抑制性工作状态，并进行快速收缩，例如各种跳跃、跳深、单腿跳、分腿大跳、弹腿练习等。

针对啦啦操的特点，爆发力训练的强度应根据克服自身重力所需的负荷来确定，练习的组数和重复次数不宜过多，一般每组的数量应以动作速度没有显著下降为标准。每次训练时，应以最快速度或接近极限速度完成所选重量，同时确保充足但不过长的休息时间。

（3）控制力量训练

控制力量是重要的基础素质之一，其发展水平直接影响技术手法的完善程度和艺术表现力的展现效果。因此，一位优秀的练习者需要接受专门针对控制力量的训练，并且必须具备扎实的调控基础技能。为实现这一目标，首先要对调控能力有更深入的理解。

①控制力量的技术特征

通常所说的控制力量，更确切地说，应称为控制能力，是由盆带肌群及下肢肌群的协同效应产生的，使得动作腿能够在前、旁、后的多个位置上，甚至在角度变换时，与头部、躯干及上肢紧密配合，完成各类复杂的控制动作，从而呈现出丰富多样的舞姿造型。在这一过程中，控制能力能够帮助动作腿抵消下肢的重力影响，克服生理层面的阻力，并与头部、躯干及上肢协调一致，完成各种基础的“控制”动作，进而塑造出各种优美的舞姿造型。

需要注意的是，控制能力不仅仅是一种通过克服阻力实现大幅度控制动作的力量素质，还具备了技术性、稳定性、耐久性特征。在芭蕾舞基本功训练和中国古典舞基本功训练的相关环节中，大部分的动作腿控制动作都是在外旋或者外展的状态下进行的；然而，在中国古典舞基本功那些富有民族特色的训练内容中，有一部分动作腿的控制动作则是在内旋和内收的状态下进行的，例如射雁类动作。

②控制力量的训练价值

拥有良好的控制力是实现各种高级运动技巧的必备前提条件。实际上，控制力可以被视为人类进行精细运动所必需的一种重要力量表现形式。更具体地说，这种力量在完成一系列基础性控制活动时是必不可少的核心要素。有必要将培养和提高练习者的控制力作为啦啦操基本训练的重中之重，因为这是必须掌握的一项关键性力量技能。

控制力量具有高度技术含量。在啦啦操这项充满活力与动感的运动中，我们经常能看到选手们运用各种控制类动作，展现突出的个性风格和艺术感染力。要达到这种境界，参赛者必须具备敏锐且精细入微的感知能力，能够准确把握速度、力量和空间方位的变化。

这种感知能力和操控能力构建了控制力量的基础。这种力量不仅是控制类动作本身的关键，更重要的是，它也是高难度技巧如跳跃、旋转、翻腾等的基石。若缺乏良好的控制训练，便无法实现高水平的动作技艺。因此，控制力量在动作技巧中扮演着不可或缺的技术支撑角色。

对于动作稳定性而言，掌握并运用控制力量，确实是至关重要的基石。在进行诸如控制类动作这样的针对性训练过程中，提升控制力量有助于增强对身体平衡和身体重心的掌控程度，使得姿态能够始终如一，包括在静止状态下、转动时，或运动过程中随时调整重心位置；在大幅度、起伏不定、垂直站立或者身体旋转倾斜的各种舞姿中，都能够自如地把握平衡；同时可以在各类舞姿之间游刃有余地控制局部或整体姿态，确保精确无误。

控制性练习动作通常要求较大的强度、全力以赴的投入，以及较长时间的持续运动，这使得肌肉易于疲劳。特别是在控制组合训练中，需要连续不断地重复各种幅度较大的控制动作和舞蹈姿势，且单个动作的执行时间和整个组合的持续时间都较长，这无疑对肌肉的耐久性力量提出了更高的要求。因此，在控制力量训练过程中，同样需要重视发展肌肉的耐久性力量。

③发展控制力量的基础训练方法

参与锻炼的个体之所以能够展示出卓越的技巧和能力，部分归功于下肢和躯干各部分肌肉群的协调配合。然而，在实际力量表现过程中，下肢肌肉群往往扮演更为重要的角色，特别是动作腿作为主要的主动运动部位，在大多数情况下承担动力性工作任务；相比之下，支撑腿和躯干部位更多负责稳定身体的静态工作任务。在动作腿的基本控制动作方面，我们可以将其分为前、旁、后三个主要方向。通过对表面肌电的精确测量，我们可以明确发现，这三个方向的控制动作所需的主要发力肌肉并不完全相同。

前腿控制是动作腿在髋部外旋的基础上向前屈髋的下肢运动。

阔筋膜张肌是屈髋的主要肌肉，是抬前腿的主动肌。股直肌是屈髋的主要肌肉，是抬前腿的主动肌，它还是双关节肌，具有伸膝功能，因而在直膝抬前腿的动作中需要发挥出很大的力量，尤其是在“主动不足”的情况下，会感到吃力。缝匠肌也是屈髋的主要肌肉和抬前腿的主动肌，它同时还是髋部外旋的主动肌，在抬前腿中具有屈髋和外旋双重功能。

另外，股后肌群臀大肌、股二头肌、半腱肌等是抬前腿的拮抗肌，具有限制抬前腿的速度和幅度的作用。

旁腿控制是在髋部外旋基础上向旁外展的运动。旁腿还有前屈的因素，因此对旁腿动作存在外开的要求。外开即动作腿在旁边的位置上向后打开的“水平伸”的运动。外开越好，前屈的因素就越少，而同时后伸的倾向和力量就越大。

旁腿控制的主要用力肌群为阔筋膜张肌、臀大肌、缝匠肌、股直肌。

阔筋膜张肌具有使动作腿在髋部前屈和外展的双重功能，是抬旁腿的主动肌。

臀大肌具有使动作腿在髋部外展（大肌上部）和外旋（大肌中部）这两个功能，也是抬旁腿的主动肌。

缝匠肌在抬旁腿动作中是髋部前屈、外旋的主要肌肉。

股直肌在抬旁腿动作中是屈髋和伸膝的主要肌肉。

另外，股内肌群的股薄肌等是抬旁腿动作的拮抗肌，限制抬旁腿的速度和幅度。

后腿控制是动作腿在髋部外旋基础上的后伸运动。髋关节的解剖结构决定了下肢后伸幅度的局限，因而在抬后腿的动作中，动作腿在向后伸髋的同时，必然伴随骨盆的前倾，后腿越高，骨盆前倾越大。所以，在一定程度上，抬后腿是骨盆和下肢的联合运动。骨盆前倾运动发生在支撑腿远固定的髋关节前屈和躯干下部的腰骶关节后伸中，涉及的工作肌群包括固定支撑腿髋关节的臀大肌、股二头肌、半腱肌、阔筋膜张肌、股直肌、缝匠肌等，以及固定脊柱的腹直肌、竖脊肌等。

值得注意的是，动作腿外旋，可以增加下肢在髋部后伸的幅度，符合髋关节的解剖结构。因而，在后腿训练中，对外旋的要求尤为重要。

后腿控制主要用力肌群为臀大肌、股二头肌、半腱肌。

臀大肌具有使动作腿在髋部后伸和外旋的双重功能，是抬后腿的主动肌。

股二头肌和半腱肌在近固定和小腿伸直的情况下是后伸大腿的主动肌。

同时，股直肌在动作腿后伸中既是伸膝的主动肌，又是伸髋的拮抗肌。缝匠肌、阔筋膜张肌都是动作腿后伸的拮抗肌，限制抬后腿的速度和幅度。

另外，竖脊肌在抬后腿中具有使骨盆前倾及腰椎后伸的辅助作用。

三、耐力素质训练

（一）耐力素质概述

在体育运动领域中，耐力被视为肌肉在静态和动态活动中长时间保持紧张状态而不影响工作效能的能力。特别是在高强度且持续时间较长的运动项目中，如啦啦操，练习者需要保持充沛的精力，以高水平完成各项规定动作。因此，在进行耐力素质训练时，需根据舞种特性精心设计训练内容与方法，实施针对性的训练策略。每次训练应增加重复次数，达到动作所需标准后可适当增加负荷量。建议使用25%—60%的负荷强度，坚持尽可能长的时间，重复尽可能多的次数，确保在机体尚未完全恢复的情况下开始下一组练习。重复次数应根据个体差异确定，不宜过多，切忌通过增加组数来减少重复次数，以免影响训练效果。

耐力训练能显著提升心血管系统功能，全面锻炼肌肉，增强体质，塑造优美体态和优雅身姿，还可培养良好的生活习惯。在规定时间内完成动作数量并保证质量是训练重点。要持之以恒地进行耐力练习，使各种有效方法对人体各部位产生持久影响，逐步形成习惯，使日常举动展现出行为美。建议每周至少安排两次耐力训练，确保有足够的时间接受全面系统的锻炼。这有利于练习者理解规范要求和熟练掌握训练方法，形成生物节律，逐步改善练习效果，培养终身体育理念。

（二）耐力素质的分类

耐力实质上是指有机体长时间在工作环境中抵抗疲劳的能力。这种耐力可具体划分为一般耐力和专项耐力两大类。一般耐力指有机体各个系统能够长时间、高效地协同运作的能力，也是发展专项耐力的基石。专项耐力则侧重于运动员如何通过自身的努力克服啦啦操运动过程中可能出现的疲劳问题。耐力素质是身体机能的重要构成要素，参与体育活动或运动项目的人士必须具备与其相适应的耐力水准。

对于啦啦操练习者而言，专项耐力主要体现在有氧耐力和肌肉耐力两个方面。有氧耐力是指个体在长时间内进行有氧代谢供能的工作能力，负荷强度通常设置在人体最大负荷强度的75%—85%之间，心率也会保持在每分钟140—170次的范围内。训练时长至少要达到5分钟，一般训练时长会超过15分钟。影响机体有氧耐力的生理因素主要包括运动过程中的氧气供给状况和作为能量物质的糖原储备量等。肌肉耐力指运动员在承受一定内部和外部负荷的情况下，能够持续较长时间或重复较多次数的能力，与力量水平的提升密切相关。因此，发展肌肉最大力量是提升肌肉耐力水平的一种有效方法。

（三）耐力素质训练的方法与步骤

1. 有氧耐力训练

啦啦操运动员进行有氧耐力训练，主要是为了提高心血管和呼吸系统的有氧供能能力，一般采用持续训练和间歇训练两种训练方法。

（1）持续训练法

这种训练总负荷量较大，持续时间较长（不少于30分钟），没有明显间歇，练习强度较小，比较恒定，平均心率一般控制在每分钟140—160次内，优秀运动员可在160—170次内。

（2）间歇训练法

一次练习的时间至少在5分钟以上，负荷强度中等（平均心率控制在每分钟160次左右），每组间歇时要求在运动员机体尚未完全恢复的情况下就进入下一次练习，一般以心率下降至每分钟 120 次，为确定间歇时间的依据。整个训练的持续时间至少保持在 30 分钟以上。

2. 无氧耐力训练

啦啦操运动员进行无氧耐力训练，主要是为了提高以心血管和呼吸系统的糖酵解为主的无氧供能能力，一般采用重复训练法和间歇训练法。

（1）重复训练法

一次练习的负荷时间为 30—120 秒，负荷强度大（平均心率控制在每分钟 180 次以上），间歇时间应充分，当机体完全恢复后进入下一次练习。

（2）间歇训练法

一次练习的负荷时间为 40—90 秒，负荷强度大（平均心率控制在每分钟 180 次左右），间歇的时间不充分，心率下降至每分钟 120 次，就进入下一次练习。

（四）耐力素质训练的组合

1. 一般耐力练习

（1）有氧耐力训练

1000 米以上的长距离跑。

5 分钟以上跳绳。

5 分钟以上循环练习：把 8—10 种上下肢、腰腹力量及弹跳力的一般素质练习，按一定顺序、数量组合起来循环进行练习。

要求：5 分钟以上的练习，组数为 3—5 组。

（2）无氧耐力训练

300 米或 400 米变速跑：快跑和慢跑结合进行。

300 米或 400 米综合跑：把向前跑、后退跑、交叉步跑、侧滑步跑结合在每一段距离中进行。

200 米间歇接力跑：4 人 1 组进行。

1—2 分钟反复台阶跑。

要求：5 分钟以上的练习，组数为 6—8 组。

2. 专项耐力练习

（1）发展有氧耐力

持续 30 分钟以上的动作练习。

5 分钟以上专项循环练习：把 8—10 种上下肢、腰腹力量及弹跳力的专项素质练习或成套的难度动作，按一定顺序、数量组合起来循环进行练习。

5 分钟以上基本成套架子多套练习（不加难度动作）。

多成套或超成套练习：加难度动作练习。

要求：5 分钟以上的练习，组数为 3—5 组。

（2）发展无氧耐力

1—2 分钟各种啦啦操组合。

1—2 分钟各种高踢腿跑跳组合。

2 分钟以下的啦啦操成套练习。

要求：重复 6—8 组。

发展肌肉耐力结合力量训练，尽可能多重复练习次数，重复组数为 4—6 组，负荷强度为 40%—60%，间隙时间为 3—5 分钟。

（五）耐力素质训练的处方

1. 周一：速度和专项能力练习

准备活动：慢跑 1000—1500 米，各种拉长活动、协调练习、跑的专门练习。

速度练习：30 米、60 米、80 米、100 米、150 米。

快速力量、中力量练习。

腰腹肌练习：悬垂举腿等。

放松活动。

2. 周二：小力量、一般耐力练习

准备活动：慢跑 1500—2000 米，各种拉长活动、协调练习、跑的专门练习。

上肢力量练习。

抗阻力练习（利用橡皮条）。

一般耐力练习：3000—5000 米慢跑。

放松活动。

3. 周三：速度耐力练习

准备活动：越野跑或球类活动，各种拉长活动、协调练习。

沙袋摆腿。

200 米、300 米间歇跑或不同跑距的组合跑 4—8 组。

组合跑方案：（300 米 +200 米 +150 米）×2—3 组。

上肢力量练习。

放松活动。

4. 周四：多项身体素质练习

准备活动：慢跑 1500—2000 米，跑的专门练习。

加速跑。

跳栏架或跳箱。

阻力练习或跨跳或跨跑练习。

球类游戏。

5. 周五：力量练习

准备活动：慢跑 800 米，力量性准备活动。

上肢力量：俯卧撑。

下肢力量：全蹲 + 半蹲。

动作力量练习：60 米后蹬跑或快跑计时、100 米跨跑等。

放松跑。

6. 周六：技术和素质练习

准备活动：慢跑 1000 米 + 啦啦操成套。

专门技术练习。

加速跑 80 米。

跑格（节奏和步幅）。

60 米托重物跑 ×4。

肩带力量、躯干力量、腰腹肌练习。

放松活动。

注意事项：可根据情况选择练习内容；中强度周发展能力，大强度周完成目标强度，小强度周保持训练。

（六）耐力素质训练的基本要求

耐力训练首先需要结合啦啦操项目的特殊性需求，熟练掌握持续训练法、间歇训练法、重复训练法这三种主要训练方式，并深刻理解它们在开发有氧耐力和无氧耐力过程中负荷强度、负荷量、持续时间、间歇时间等因素的差异性，这样才能够科学且合理地调整并控制运动负荷。

在进行耐力训练时，应将有氧耐力锻炼与无氧耐力锻炼有机结合起来。具体来说，针对不同的训练阶段和不同的受训者群体，两者的比例分配也会有所区别。青少年正处于发展有氧耐力的黄金时期，女性在 13 岁之后，男性在 14 岁之后，才开始步入无氧耐力的敏感发育阶段。随着年龄增长和训练水平的提升，专项耐力也将得到更深入的发展。

实施耐力训练，需要遵循一定的技术规范。每一次练习都应全情投入，注重呼吸技巧、节奏和深度的把握。只有超越比赛的负荷量和强度，才能真正实现训练效果的显著提升。因此，除了关注运动员所能承受的生理负荷外，更应重视对他们坚韧不拔、勤奋努力、勇往直前、吃苦耐劳的精神的培养，以此来增强他们的心理承受能力。

第四节　高校舞蹈啦啦操艺术表现力训练方法设计与完善

一、强化舞蹈啦啦操艺术表现力的训练

（一）音乐修养的培养

通常所称的修养，实质上综合体现了理论基础、知识储备和艺术思想等多方面水平。同样，音乐修养涵盖了多方面：一是对音乐理论知识的深入学习；二是在审美层面上的敏锐洞察力；三是对音乐作品内涵的深刻理解；四是对音乐作品的出色表现能力。音乐是各类舞蹈和健身操项目的核心元素，运动员如对音乐的感知能力相对薄弱，就无法准确领会其中所包含的丰富情感，难以将这些情感完美地表达出来。如果动作的节奏与音乐脱节，即使

动作本身优美，也会给人带来不适之感。因此，运动员对音乐的感悟能力显得至关重要。唯有通过不断聆听各式音乐，并能依据音乐在脑海中构建出相应情境和角色，才能更真实地体验到音乐所传达的情感，从而将情感完美地展现出来。因此，在日常训练过程中，应为运动员提供系统的乐理知识讲解，使他们能更好地理解音乐的多样性及其深层含义，以便在表演动作时更好地融入音乐。同时，在挑选音乐伴奏曲目时，应根据运动员的个人特质精心挑选，以激发他们的内心感受。音乐与舞蹈的关系犹如水与鱼般密不可分，两者相互依存，缺一不可。针对音乐的训练可分为以下两大方向：

1. 理解音乐的情感

每一部乐章，乃至每一个音符，都是其独特含义的体现，换句话说，它们有属于自己的生命力。当人们聆听一段动人的旋律时，应以“倾听——思考——表现”这一线索为主轴线，使得音乐与肢体动作相得益彰，融为一体。在开展舞蹈啦啦操的教学过程中，为了帮助学员更好地理解音乐中所包含的情感，可以将学员们分为多个小组，每个小组由教练随机播放各类风格的音乐（时间长度约为 30 秒钟），让学员们自行聆听，并写下自己对这段音乐的感受。随后，教练会组织学员们进行交流，分享见解，共同发掘出具有创新性的音乐理解方式。这样不仅能激发学员们的竞争意识，也能使他们深刻体会到团队协作的重要性；此外，还能给予他们充足的机会去认识音乐的重要性，进而全心投入，深度理解音乐所蕴含的丰富情感。

2. 情绪演绎音乐

在准确理解了音乐所蕴含的深刻含义之后，我们需要学会如何运用自身的情感体验来加以传达。在此过程中，舞者扮演着传递信息的重要角色。许多人可能简单地认为仅仅依靠微笑便足以表现，然而，这种观念是相当片面且肤浅的。实际上，我们应当学习如何运用全身各处的肢体动作来诠释音乐中所包含的情感起伏、主题变换，及其独特的艺术魅力，进而增强舞蹈表演的感染力与表现力。负责指导的教师可首先引导学员闭目聆听，逐渐领悟音乐的内在韵律，使他们完全融入其中。随后，在教师的悉心引导下，学员们需尝试以自己的方式来表达音乐所要传达的内涵。在此过程中，他们的表达方式应尽量夸张，面部表情也应尽可能丰富多彩。这种教学模式旨在对学员进行情感输出方面的训练，从而激发他们的创新思维，进一步深化对于音乐及动作的理解，为提升学员们的艺术表现力奠定坚实的基础。

（二）开设不同风格的舞蹈训练课程

要想提高运动员的艺术表现力，就必须对其进行相关舞蹈的辅助练习。运动员可以深入了解并掌握各种舞蹈类型，从而对其基础特性、基本步伐及节奏韵律等方面都有所认知与掌握。这样，运动员便能够从容应对啦啦操表演中各种舞蹈动作，不至于感到迷茫无措。除了帮助运动员熟悉各种舞蹈类型，系统性的舞蹈训练还可以帮助运动员开阔眼界，丰富他们的创作灵感来源。通过接触不同类型的舞蹈，运动员可以学习到各种舞蹈的表现方式，从而在舞蹈啦啦操的表演中融合更多样的元素，使其艺术表现更加丰富和深刻。

1. 爵士舞基础训练

在深入探究爵士啦啦操的魅力之前，我们首先需要全面了解爵士舞的内涵。爵士舞源自非洲传统舞蹈，在经过美洲人民的演绎后，逐渐演变为更具美式特色的舞蹈形式。作为美国文化元素之一，爵士舞在舞蹈啦啦操中扮演着重要角色。在爵士舞蹈啦啦操中，我们主要采用的是新爵士的动作元素，这一风格最初源于美国纽约的芭蕾舞剧，因此也被称为“芭蕾爵士啦啦操”。相较于传统爵士舞，爵士舞蹈啦啦操并无严格的规则限制，只需跟随音乐节拍，随着身体的自然律动即可。然而，在遵循舞蹈啦啦操特有动作规定的前提下，我们将整个动作融入了爵士舞的独特风格，其中许多高难度的动作都带有明显的芭蕾舞元素。正是这种融合赋予了爵士啦啦操独特的特色。爵士啦啦操的最大特点在于强调身体的感受，主要依靠头部、肩膀、躯干、胯部和臀部的扭动来展现身体的节奏感。它是一种开放式的舞蹈形式，不那么内敛深沉，更注重个性与自由。它在规则的引导下，给予了运动员充分的发挥空间，体现了舞者的自由度和创造性。它不必像健美操一样按照固定的步法组合动作，也不必要固守某几种姿态，自由性和自主性都很大，当然在它的自由之中也有一定的规律。比如它融多种舞蹈风格于一身，对身体爆发力和柔软度有要求，同时也吸收了其他舞蹈的技巧，如拉丁舞中头的作用，还有现代舞中的收缩和放松等。

教练员和运动员普遍认为，通过进行爵士舞基础训练，可以有效提升体育舞蹈的艺术表现力。考虑到爵士舞蹈在舞蹈啦啦操中的重要性，将爵士舞作为辅助练习，无疑有助于提升啦啦操的舞蹈技术水平。在实际训练过程中，教练员可以选择播放爵士舞蹈音乐，帮助运动员感受音乐的节奏，自由地扭动身体，体验这种舞蹈的音乐风格。此外，针对运动员进行成品舞的教授也是激发他们的学习热情，使其领悟爵士舞精髓的有效方式。

2. 街舞训练

教练员和运动员还普遍认为，街舞对于提升舞蹈啦啦操的艺术感染力亦有着不可忽视的贡献。街舞啦啦操的具体定义如下：整套动作强调街头舞蹈的独特风格，重视动作的个性化特征，以及身体各部位的韵律感与控制力，要求动作的节奏感、一致性与音乐完美融合，同时可适当增加一些强度动作，如包含不同跳步的转换及组合或其他协同练习。街舞源自美国纽约，诞生于20世纪60年代末期的美国街头巷尾，在20世纪70年代逐步融入嘻哈文化。街舞动作由多种走、跑、跳的组合构成，变化丰富多样。街舞的呈现方式主要依赖于身体各部位的大小关节进行振动、屈伸等，对身体协调性的要求极高，其风格与其他类型的舞蹈存在显著区别。例如，街舞的节拍性与健美操或其他一些舞蹈之间存在明显的冲突，每个动作均需兼顾上下肢乃至身体的微小关节。在街舞训练过程中，运动员要保持高度专注，动作既要随意自然，又要大方得体。街舞是一项小肌肉运动，参与街舞训练有助于锻炼身体的协调性，同时也能让全身各个细小的关节得到充分的活动。街舞啦啦操虽然明显融入了许多街舞元素，但它并非严格意义上的街舞，仅仅是结合了街舞的特点与形式，实际上就是在啦啦操特有的难度动作和特有的规定上加入了街舞的风格，这样既完善了舞蹈啦啦操，又丰富了街舞本身。

3. 芭蕾形体的训练

芭蕾舞作为一种历史悠久的经典舞蹈艺术形式，经过漫长的演进和沉淀，至今仍备受广大观众的热爱。它不仅丰富了舞蹈类型，还深度渗透至诸多非专业舞蹈项目，以及体育运动领域，如民族民间舞蹈、艺术体操、爵士舞、花样游泳、花样滑冰等。特别值得一提的是，芭蕾舞对于体育项目中的难美性项群项目产生了显著的影响，这些项目的基础训练环节都融入了芭蕾基础训练元素。芭蕾基础训练被视为体育舞蹈的核心基础训练课程之一。强化芭蕾形体训练，可以为各类舞蹈项目的姿态塑造奠定坚实基础。芭蕾基础训练对舞蹈啦啦操在形体美、肢体美、表现美的提升方面，同样具有直接而深远的影响。其独特之处在于注重展现人体线条美感、高贵典雅的气质，以及严谨的训练方式与手段，始终坚守"开""绷""立""直"的原则。这与众多舞蹈动作的规范要求相契合，芭蕾基础训练可以提升舞蹈啦啦操运动员的舞蹈技艺水平，培养他们的基本姿态与气质，具有举足轻重的意义。

4. 开展表演课

很多舞蹈啦啦操运动员明确表示，他们在艺术表演训练方面的不足是导致其艺术表现力无法充分发挥的关键原因之一。他们认为，在提供多样化舞蹈风格培训课程的基础上，开设与影视表演、话剧小品等领域相关的课程，对于提升表演技巧，深入理解并熟练运用艺术表现力的理念，以及将其更完美地呈现在舞蹈动作中，具有至关重要的作用。通过精彩纷呈的比赛录像，可以观察到许多舞蹈啦啦操的成套动作蕴含着丰富的故事情节，生动展示着特定的社会风貌。例如，在美国啦啦操比赛中，加利福尼亚大学的参赛队伍成功地将西方吸血鬼的故事融入整套动作之中，展现出精湛的技艺。选手们的动作时而刚劲有力，时而柔美动人，伴随着跌宕起伏的旋律，使观众仿佛置身于故事情境中，完全忘却了比赛的紧张气氛，沉浸在一场高雅的艺术盛宴中。各位教练员在日常训练中可以加大力度进行各类主题意义的表演训练，关注动作所蕴含的深刻含义和舞蹈所传达的主题思想。这是提升啦啦操表现力的一个不可或缺的重要环节。

二、加强体能训练，以保障艺术表现力的充分发挥。

身体素质通常指的是身体在肌肉活动中展现出的力量、速度、耐力、灵活性和柔软度等多方面的生理潜能。舞蹈啦啦操运动员卓越的身体素质，是他们能够熟练掌握各项技术、成功完成各种高难度表演，并充分发挥艺术表现力的关键保障之一。根据整套动作的难度，可将其划分为转体类、跳跃类，以及平衡与柔韧类，每个类别都有相应的完成标准和评价准则。如果身体素质跟不上，高难度技术动作将难以进行。因此，有必要全面提升舞蹈啦啦操运动员的身体素质，进一步提高其艺术表现力水平。根据舞蹈啦啦操技术难度对运动员的影响，以及该项目的特点，需重点训练其柔韧素质、耐力素质、力量素质和速度素质。力量素质有助于确保运动员在完成动作时能达到理想的高度、转体幅度和落地稳定性；柔韧素质保证肢体伸展程度和动作流畅性；耐力素质确保完美地演绎所有动作，直至结束；速度素质则保证整套动作的流畅表达。

（一）柔韧素质的训练方法

柔韧素质的概念，聚焦于身体各部位在不同运动轨迹环境中展现的肌肉、韧带和其他软组织的伸展幅度及相应能力水平。在舞蹈啦啦操的训练实践中，运动员是否能够成功完成具有挑战性的舞蹈动作，很大程度上取决于其柔韧素质。因此，对柔韧素质的要求主要集中在肩部、腰部和腿部柔韧性方面。教练员在训练中需特别注重采用适宜的方法，培养运动员的柔韧素质，如动静相宜的拉伸方式，合理安排训练负荷，根据个体差异和状态调整训练比重。随着运动员柔韧素质的提升，教练需要及时调整训练策略，以确保有效的锻炼和恢复。基于柔韧素质训练的特殊性质，可以从健美操、艺术体操等项目的实际训练经验中汲取启示，总结出对舞蹈啦啦操的柔韧素质训练有实用价值的方法。

1. 肩部练习

在舞蹈啦啦操项目中，肩膀的柔韧性对于技术的完美展示至关重要。其中，转肩练习是一个重要的训练项目，旨在提升肩部的柔韧性和灵活性。转肩练习通常借助器械辅助，如绳索或木棍等。运动员双手紧握这些工具，然后向前上方伸展至个体的极限位置，随后向后旋转。这个动作有助于拉伸和加强肩部周围的肌肉，提高肩关节的活动范围。此外，团队成员之间还可以采取相互搭肩的方式进行拉肩练习。通过俯身向前的姿势，双手搭肩，然后向下拉伸，这可以最大限度地促进肩部柔韧性的提升，并加强肩部肌肉的协调性和稳定性。

2. 腰部训练

腰部柔韧的练习方法有很多种，可以先进行甩腰和吊腰的练习。甩腰的具体动作为：一只手稳固地扶着把杆，另一只手臂伸直并向上抬起，然后向后甩动。这个动作旨在通过迅速摆动来锻炼腰部肌肉，并加强其灵活性。吊腰则需要将双臂上举，上半身向后弯至个体所能承受的最大极限位置，然后保持这个姿势片刻，最后再坚持一段时间。这个动作旨在通过后仰姿势来拉伸和加强腰部肌肉，同时提高核心稳定性。在感觉腰部柔软度提升后，可以逐步尝试下腰的练习。在下腰的过程中，为增强挑战性，可以逐步缩短手与脚跟之间的距离，从而增加腰部和下背部的拉伸程度。

3. 劈叉练习

在进行锻炼时，我们通常需要进行纵向伸展与横向伸展两种不同姿势的训练。纵向伸展练习，要求双腿尽可能伸直，尤其是膝盖部位不能有任何弯曲，上体必须保持绝对垂直，同时臀部需完全接触地面。如果自身的柔韧性尚未达到要求，教练或同伴可以协助，通过轻轻踩踏臀部后方的方式，帮助臀部稳妥地触及地面。一旦达到这一要求，便可进行前腿或后腿的架高训练。至于横向伸展的练习，则需要充分展开髋关节，使双腿处于一条直线上，并确保上体保持直立的姿态。

（二）耐力素质的训练方法

在舞蹈啦啦操运动领域中，运动员必须具备卓越的耐力素质，这是顺利完成复杂动作的必要条件之一。由于该项目的独特性和高要求，运动员不仅需要展示出精湛的舞蹈技艺和高难度动作，还需将深刻的情感融入其中。因此，运动员面临着多方面的挑战。如果缺乏足够的体能支持，将无法胜任。唯有拥有较强的耐力，才能有效应对体力不足的问题，并全神贯注地投入舞蹈动作的演绎中，达到最佳的表演效果。因此，教练在提升运动员的耐力素质的过程中，应合理安排一定比例的力量与耐力训练课程。

1. 连续换腿跳平台

平台高度为 30—40 厘米，单脚置于平台上，另一只脚在地上支撑，两脚交替跳上平台，两脚各 30—50 次。在锻炼过程中，运动员上体保持直立。重复 2—4 组，组间歇为 3 分钟。

2. 成套动作反复练习

一旦运动健将们系统地掌握了一组复杂的运动技巧或一整套连贯的训练项目，教练们便可以采用一项有益的训练策略：反复播放具有节奏感的背景音乐，借此引导学员在变换运动线路、调整身体姿势等多元化方式中进行反复训练。这一策略的目的在于提升学员对特定动作的熟练程度，在训练过程中强化他们的耐力素质，为其未来拥有更为持久的耐力表现奠定坚实的基础。

（三）力量素质训练方法

对于舞蹈啦啦操这项运动而言，力量素质的训练具有极其重要的意义。因此，我们必须为选手们设计并实施具有针对性的力量训练计划。与其他体育活动相似，舞蹈啦啦操涉及众多跳跃类动作，因此我们特别注重提高选手的爆发力和最大力量，尤其注重针对腿部爆发力的强化训练。在这个力量训练计划中，我们将着重进行一系列旨在增强选手肌肉爆发力和耐力的练习。这些练习包括深蹲、弓步蹲、跳跃训练，以及腿部爆发力的专项强化训练等。通过这些训练，可以提高选手在舞蹈啦啦操表演中的跳跃高度、稳定性和动作的精准度。

1. 爆发力训练

运动员在尽可能短的时间内克服一定的阻力来完成相应的动作练习。在这一过程中，运动员应专注于弹跳性练习，并将其与规定难度动作中的跳跃类动作相结合，例如常见的分腿跳、团身跳等。

2. 最大力量的训练

为了全面提升运动员各个部位肌肉的最大力量，我们会采取多种多样的练习方式。在舞蹈啦啦操领域，主要集中在腿部力量的增强上。我们将采用负荷训练的方法，以确保难度动作能够以高质量完成。同时，这一过程需要与舞蹈动作紧密配合，以确保力量训练的效果能够直接转化为舞蹈表演的优异表现。

（四）速度素质训练方法

在这种表演艺术中，速度素质的训练确实至关重要，它直接影响动作的流畅性、连贯性和整体效果。通过训练，运动员能够提高对外部信号的敏感度，更快速地做出反应，更流畅地完成动作，从而展现出更具视觉冲击力的表演。同时，快速位移和连续动作也是舞蹈啦啦操中的关键要素，因此在训练中需着重强调这些技能的培养。加强速度素质的训练不仅可以提升动作完成效率，还能增强队伍的整体协调性和表演感染力，使表演更加出彩。在常规情况下，提升速度素质最有效的方式，便是在规定的时间内完成一定量的动作练习。鉴于舞蹈啦啦操高难度动作的完成往往离不开音乐节奏的紧密配合，我们在设计速度训练方案时应当更多考虑将音乐元素融入其中，将音乐伴奏作为速度控制的信号指示。然而，值得注意的是，在运动员进行速度素质训练的过程中，切勿因过分追求速度而忽略了动作质量。若以牺牲动作质量为代价，那么这种训练方式无疑是得不偿失的。基于对速度素质特性与舞蹈啦啦操特点的深入融合分析，我们对舞蹈啦啦操速度素质训练的方法总结如下：

1. 连续难度训练

在执行完整套舞蹈啦啦操表演时，运动员经常面临将高难度技巧与音乐融合的挑战。由于过度紧张或仓促，动作可能出现不流畅或不准确的情况。为解决这一问题，我们可以考虑采取以下策略：首先，建议运动员通过配合音乐的反复练习，提升对整套动作的熟练程度，以及协调性。这种练习模式有助于加深对音乐节奏和节拍的理解，从而使动作更为自然和流畅。其次，随着训练的深入，可以逐步缩短每个动作所需的时间，或者适当加快音乐的节奏，以增强运动员对高难度动作的反应能力。这样的调整能使他们更从容地应对动作的要求，并更充分地展现其艺术表现力和专业水平。通过这些策略的综合应用，可以改善他们在表演过程中出现的动作不流畅或不准确的情况，使其更加完美地呈现整套舞蹈啦啦操的精彩表演。

2. 快速队形变幻

舞蹈啦啦操是集体项目，在集体项目中，队形整齐而迅速的变化对表现力具有重要影响。为了培养出这种娴熟的队形变化技巧，在日常训练中可以采用限时换位法进行教学。这种方法旨在使运动员逐步适应并熟练掌握整套动作的所有队形变化，并通过逐步加快速度，提升训练效率。通过限制时间，被迫在有限的时间内完成队形变化，促使他们更加专注和高效地执行动作。这种训练方法不仅能够引起他们的高度重视，还能使他们在比赛中形成潜意识，迅速找到自己的定位，从而使集体表演的整体效果更好。

三、重视心理素质的培养

在舞蹈啦啦操领域，心理素质的培养至关重要，这直接影响运动员在竞技中的表现和成绩。下面列举几个值得借鉴的心理素质训练方法：

1. 心理鼓励的方法

心理鼓励法是一种重要的训练手段。教练的言语和肢体动作，可以有效地缓解运动员的心理压力，激发他们的潜能和斗志。通过积极的反馈和支持，运动员可以建立起自信心和乐观的心态，从而在训练和比赛中更加努力地追求卓越。

2. 模拟比赛的训练方法

模拟比赛训练法也是非常实用的。通过在日常训练中模拟比赛场景和压力，运动员可以更好地适应竞技环境，并提前解决可能出现的问题，从而增强应变能力和心理适应能力。这种训练方法可以帮助运动员在实际比赛中更加从容地展现自己的表现力。

3. 自我调节的方法

自我调节法也是非常重要的。通过运用自我暗示和放松技巧，运动员可以调节自己的情绪和心态，保持镇静和专注，从而更好地发挥个人的表现力。这种训练方法可以帮助运动员在竞技过程中保持良好的心理状态，克服紧张和焦虑，发挥自如。

四、成套动作结合表现力的专门训练

传达情感和表现力是体育竞技中常常被忽视的一部分，但它们对于一个优秀运动员的综合素质至关重要。通过在训练中专门强调表现力，教练可以帮助运动员更好地理解和展现自己的个性和情感，从而提升他们在比赛中的魅力和影响力。不仅如此，这种细致的训练也可以增强运动员的自信心和舞台表现能力。通过反复的专项演练，运动员们能够更加自然地表达自己，在比赛中有更加出色的表现。此外，这种训练也有助于培养运动员的专注力和意识，使他们在关键时刻能够保持冷静和专注，不受外界因素的干扰。因此，作为教练，注重细节，在训练中多方面培养运动员的表现力和情感表达能力，是至关重要的。这不仅可以提高他们在比赛中的竞技水平，还可以培养他们的艺术修养，使他们成为更加全面和优秀的运动员。

参考文献

[1] 郑嵘婷 . 高校啦啦操教学创新研究 [M]. 哈尔滨：北方文艺出版社，2021.

[2] 郑东平 . 高校啦啦操训练内容体系构建 [M]. 延吉：延边大学出版社，2019.

[3] 李春月 . 基于全人教育视域的高校啦啦操教学创新理论研究 [M]. 长春：吉林大学出版社，2020.

[4] 樊颖 . 新时代视阈下高校啦啦操与健美操比较研究 [M]. 长春：吉林大学出版社，2018.

[5] 李孟华 . 高校啦啦操运动与教学研究 [M]. 北京：北京工业大学出版社，2018.

[6] 见丽 . 高校啦啦操运动发展及创新研究 [M]. 北京：九州出版社，2017.

[7] 邢时苗 . 山西省高校啦啦操运动队的 SWOT 分析与发展策略研究 [D]. 山西师范大学，2020.

[8] 付栋 . 艺术体操的发展与技能训练探究 [M]. 北京：中国书籍出版社，2018.

[9] 高谊 . 普通高校体育与健康教程 [M]. 天津：南开大学出版社，2016.

[10] 王朝，于少勇，白光斌 . 大学生时尚健身操舞 [M]. 西安：西安电子科技大学出版社，2018.

[11] 周倩如 . 哈尔滨市普通高校啦啦操运动发展现状及对策

研究 [D]. 哈尔滨体育学院，2019.

[12] 穆飒 . 大学体育与健康教程 [M]. 广西师范大学出版社，2019.

[13] 戴苹苹 . 高校舞蹈啦啦操运动队艺术表现力训练体系构建研究 [J]. 冰雪体育创新研究，2023.

[14] 冯鑫 . 大跨双塔钢混组合梁斜拉桥施工控制技术研究 [D]. 山东大学，2021.

[15] 李善华，涂海宁 . 高校体育与健康教程 [M]. 广西师范大学出版社，2019.

[16] 崔云霞 . 啦啦操运动的理论研究 [M]. 长春：吉林出版集团股份有限公司，2018.

[17] 江纪英 . 镇江市高校啦啦操发展现状及对策研究 [D]. 苏州大学，2016.

[18] 刘丽丽 . 全民健身背景下操舞健身机制与方法研究 [M]. 北京：中国书籍出版社，2019.

[19] 陈天鹏 . 新形势下啦啦操教学理论与实践研究 [M]. 北京：中国原子能出版社，2016.

[20] 吴深 . 高校啦啦操运动员意志品质与竞赛状态焦虑状况及其关系研究 [D]. 福建师范大学，2016.

[21] 陈永婷 . 高校健身舞教学理论与方法指导 [M]. 长春：吉林大学出版社，2020.

[22] 赵静晓 . 啦啦操教学训练系统设计与方法研究 [M]. 太原：山西经济出版社，2019.

[23] 吴兴生 . 高校啦啦操教练员领导行为与团队凝聚力的关系研究 [D]. 福建师范大学，2017.

[24] 王立，滕颖磊 . 小学啦啦操基础教程 [M]. 上海：复旦大学出版社，2017.

[25] 马鸿韬 . 舞蹈啦啦操运动教程 [M]. 北京：北京体育大学出版社，2024.

[26] 张颖 . 啦啦操 [M]. 长春：吉林出版集团股份有限公司，2019.

[27] 朱琳琳 . 舞蹈啦啦操 [M]. 福州：福建科学技术出版社，2018.

[28] 韩孟孟 . 高校啦啦操团队凝聚力影响因素及提升策略研究 [D]. 南京体育学院，2015.

[29] 杜熙茹，赵媛媛 . 特殊学生啦啦操 [M]. 成都：电子科技大学出版社，2019.

[30] 花楠 . 啦啦操运动教程 [M]. 北京：现代出版社，2019.

[31] 陈瑞琴，林峻先 . “十四五”普通高等院校体育类精品课程建设规划教材 健美操啦啦操运动教程 [M]. 苏州：苏州大学出版社，2022.

[32] 杨文刚 . 啦啦操七彩星级教程 [M]. 南京: 东南大学出版社，2020.

[33] 郑阳 . 啦啦操编排及竞赛开展研究 [M]. 长春：吉林大学出版社，2019.

[34] 肖月悦 . 啦啦操教学训练与创编研究 [M]. 长春：吉林大学出版社，2019.

[35] 王旭 . 青少年啦啦操训练与健康发展研究 [M]. 北京：现代出版社，2019.